英语教学的多维体系建构及创新研究

李冬艳 / 著

吉林出版集团股份有限公司
全国百佳图书出版单位

图书在版编目（CIP）数据

英语教学的多维体系建构及创新研究 / 李冬艳著.
长春：吉林出版集团股份有限公司, 2024.6. -- ISBN 978-7-5731-5274-9

Ⅰ. H319.3

中国国家版本馆CIP数据核字第2024QW0023号

YINGYU JIAOXUE DE DUOWEI TIXI JIANGOU JI CHUANGXIN YANJIU

英语教学的多维体系建构及创新研究

著　　者	李冬艳
责任编辑	杨　爽
装帧设计	沈加坤

出　　版	吉林出版集团股份有限公司
发　　行	吉林出版集团社科图书有限公司
地　　址	吉林省长春市南关区福祉大路5788号　邮编：130118
印　　刷	北京亚吉飞数码科技有限公司
电　　话	0431-81629711（总编办）
抖 音 号	吉林出版集团社科图书有限公司　37009026326

开　　本	710 mm×1000 mm　1 / 16
印　　张	14
字　　数	220千字
版　　次	2025年1月第1版
印　　次	2025年1月第1次印刷

书　　号	ISBN 978-7-5731-5274-9
定　　价	76.00元

如有印装质量问题，请与市场营销中心联系调换。0431-81629729

前　言

21世纪的突出特征是国际化、现代化、信息化，在这一时代背景下，人类社会正在发生着深刻的变化。随着中国经济实力的不断增强，我国与其他国家的沟通与交流也越来越频繁。受此影响，英语作为跨文化交际中的重要工具也越来越受到人们的重视。与此同时，作为语言教学主体的学生，无论是成长环境、社会体验，还是认知特点等，也都在不断变化。在这种情况下，固守传统的英语教育观念显然与之不适应，这就要求我们必须转变英语教育观念，做到与时俱进、不断创新。

改革开放四十多年来，我国的英语教育规模不断扩大，教育教学取得了显著的成就。英语课程改革的重点就是要改变英语教学中过分重视词汇和语法知识的讲解与传授，却忽视对学生的实际语言运用能力培养的现状，强调课程应从学生的学习兴趣、生活经验和认知水平出发，倡导体验、实践、参与、合作与交流的学习方式和任务型的教学途径，发展学生的语言综合运用能力，使语言学习的过程成为学生形成积极情感态度和自主学习能力的过程。诚然，新课改的步伐在逐步地深化，也一直在呼吁教学改革，但就目前英语教学的现状而言，其教学改革之路走得并不平坦。因此，英语教师需要改变传统的课堂教学模式，不应该将学生视作知识的"容器"，而应该将学生视作能动的主体，促进学生参与整个教学过程中，从而将学生的能动性、自主性发挥出来。为此，作者在对英语教学相关内容进行梳理的基础上，精心策划并撰写了本书，以期弥补当前英语教学体系建构与创新方面研究的不足。

本书共分为五章。第一章开宗明义，对英语教学的现状、原则、理论依据、教学方法以及英语教学创新的理念展开论述。第二章从英语词汇与语法教学、听说教学、读写译教学、文化教学等方面阐述了英语教学内容的建构与创新。第三章从学生学习方式、英语教师素养、英语教学模式、英语教学资源、英语教学评价手段等方面阐述了英语教学要素的改革与创新。第四章与第五章为不同维度下的英语教学，从网络、生态、ESP、课程思政四个角度对英语教学进行了探讨。

总体来看，本书具有以下特点：

（1）结构清晰合理、逻辑严谨有序，既保证了论述内容的全面和系统，也兼顾了对重点章节的具体论述。

（2）内容实用性强，如对具体知识和技能教学的探讨，既提出了这些知识和技能教学面临的问题，又提出了创新方法。

（3）本书从多个维度探讨了英语教学的创新发展，如网络、生态、ESP、课程思政教学等，新颖性较强。

作者在参阅大量相关文献和资料的基础上撰写了本书，旨在推进我国英语教学创新的进程。由于时间仓促，作者水平有限，书中难免会有疏漏，还望各位专家、读者批评指正。

作　者
2024 年 1 月

目 录

第一章　英语教学研究 ·· 1
　　第一节　英语教学的现状 ·· 2
　　第二节　英语教学的原则 ·· 6
　　第三节　英语教学的理论依据 ······································ 8
　　第四节　英语教学的教学方法 ····································· 19
　　第五节　英语教学创新的理念 ····································· 37

第二章　英语教学内容的建构与创新 ···································· 45
　　第一节　英语词汇与语法教学革新 ································· 46
　　第二节　英语听说教学革新 ······································· 55
　　第三节　英语读写译教学革新 ····································· 66
　　第四节　英语文化教学革新 ······································· 88

第三章　英语教学要素的改革与创新 ···································· 95
　　第一节　改变学生学习方式 ······································· 96
　　第二节　提升英语教师素养 ······································ 108
　　第三节　革新英语教学模式 ······································ 112
　　第四节　创新英语教学资源 ······································ 135
　　第五节　改革英语教学评价手段 ·································· 139

第四章　网络与生态维度下的英语教学 ································· 156
　　第一节　网络维度下的英语教学 ·································· 157
　　第二节　生态维度下的英语教学 ·································· 180

第五章　ESP 与课程思政维度下的英语教学 …………………… 190
　　第一节　ESP 维度下的英语教学 ……………………………… 191
　　第二节　课程思政维度下的英语教学 ………………………… 202

参考文献 ……………………………………………………………… 211

第一章

英语教学研究

英语作为全球通用语言之一,其重要性不言而喻。随着全球化进程的加快,英语已成为国际交流、商务、教育等领域的重要工具。而我国作为世界上人口最多的国家,英语教育在我国教育体系中占有重要地位。但在目前的英语教学中,存在一些问题,需要我们进行深入探讨,并提出相应的解决办法。

第一节　英语教学的现状

在新时代背景下，英语教学作为培养高素质英语人才的重要组成部分，其现状和未来发展备受关注。随着全球化进程的加快，英语作为国际通用语言的地位日益凸显，英语教学的重要性也日益增强。然而，审视当前英语教学的现状，我们不难发现诸多问题和挑战亟待解决。本节主要探讨英语教学的现状，分析存在的问题，以期为新时代的英语教学改革提供参考。

一、教学观念严重滞后

过去，教育的主要目的是传授知识，学生只需要被动地接受这些知识即可。然而，在当今社会，这种教学观念已经不再适用。现代社会需要的是具备创新思维和解决问题能力的人才，而不是仅仅掌握知识的人。

许多英语教师在教学过程中过分强调词汇和语法知识的传授，而忽视了学生的实际应用能力、创新能力和跨文化交际能力的培养。这种教学观念导致学生在英语学习中过于依赖死记硬背，缺乏实际应用英语的能力。部分英语教师仍然将考试成绩作为衡量学生学习效果的唯一标准，忽视了对学生平时表现、口语表达能力等方面的综合评价。这种评估方式导致学生过于追求高分，而忽视了英语的实际应用能力和综合素质的提高。

许多英语教师的教学观念相对滞后，缺乏实践经验。他们在教学过程中往往过于依赖教材，忽视了结合学生的实际生活和自身的工作场景进行教学。这种教学观念的滞后使学生在面对实际问题时，难以将所学知识应用到实际中。

由此表明，英语教师遵循的教学观念比较传统，现代教学理念不强，并且对现代语言学习的特点以及教育思想没有真正理解,其结果必将导致英语教学的效果受到严重影响,这与社会发展需要是不相符的。

二、过于重视英语考试成绩

因为教学理念的陈旧,英语教师仍以完成考试为目标进行英语教学。对英语知识的教授也被条条框框所制约着,教学内容始终围绕着考试内容开展。

这种教学模式,教师在进行知识传播的时候仿佛在唱独角戏,整个课堂只有教师这一个主角,学生成为捡拾知识的旁观者。在阶段性的教学结束后,教师往往会给学生布置作业,而这些作业可能是英语习题,也可能是背诵单词和阅读英语文章之类的。很难有学生会想到去找一个会英语的人面对面地进行交流,往往是自己一人进行英语实战,这就导致了很多学生在英语学习上什么都懂却无法交流。

在大学中,大多数的学生会因为自己过了英语四、六级而喜悦,或是因为没有通过而垂头丧气。他们完全忘记了学习英语是为了在社会竞争中可以有自己的独特之处,完全忘了学习英语应当是为了进行日常交流的初衷。他们对英语掌握的程度只能应付考试,根本达不到用人单位的日常交流要求,这就是传统教育模式下我国英语教学的根本误区。以考试重点内容为核心的教学方式无法满足社会对于学生英语能力的要求,导致很多在考试中英语成绩优异的学生到了社会上却完全不敢和别人提起自己会英语这件事。

三、学生成绩参差不齐,教师难以进行补差补缺

在英语课堂上,学或不学完全取决于学生的自觉性。但有些学生在高中时期的英语基础就非常薄弱,本想着到了大学就可以根据自己的努力将差的地方补回来,但在面对一节课六七十人的情况下,难以向教师提出问题,这就导致学生的不足很难被全面地纠正。对于教师来说,一节课六七十人,就意味着无法回答所有学生的疑问,在教学上显得非常力不从心。学生又执着于对四、六级考试的重视,这就导致很多学生在英语课堂上对英语失去了兴趣,越来越多重点知识没有被掌握,自己的成绩变差的同时心情也变得烦躁,对英语学习的欲望

就更低了。

在英语课堂上，英语基础薄弱的学生很少得到提问的机会，那么对于他们来说英语四、六级就成为难以逾越的鸿沟，在这样的条件下，导致一大批学生对英语失去兴趣。

四、教学手段及模式比较单一

在当前的英语教育中，教学手段及模式单一的问题仍然存在。尽管近年来英语教学改革取得了一定的成果，但是，传统的教学模式仍然束缚着英语教学的发展。

教学手段及模式的单一性已经成为英语教学发展的一大瓶颈。传统的教学模式往往强调教师的主导地位，忽略了学生的主动性和创造性。这种教学模式往往导致学生的学习效果不佳，而且容易让学生产生厌学情绪。因此，教师需要探索更加有效的教学手段及模式。例如，可以采用多媒体教学手段，如投影仪、计算机等，来提高学生的学习兴趣和积极性。此外，还可以采用合作学习、探究学习等教学模式，来提高学生的主动性和创造性。这些教学模式能够更好地激发学生的学习兴趣，培养学生的综合素质，提高学生的学习效果。

教师是教学的主体，他们的教学水平和教育理念直接影响着学生的学习效果。因此，需要加强教师培训和教育理念的更新，提高教师的教学水平和教育理念。这样才能更好地推广新的教学手段及模式，推动英语教学的发展。

五、课程单一，缺少应用性

课程单一、缺少应用性是一个普遍存在的问题。在当前的教育环境下，许多课程只注重理论知识的学习，而忽视了实际应用能力的培养。这导致了学生在毕业后面临就业困境，无法将所学知识应用到实际工作中。

当前，很多英语课程过于注重理论知识的传授，如语法、词汇、句型等，而缺乏实践性较强的课程，如口语、听力、写作等。这种课程设置使学生在学习过程中往往过于依赖死记硬背，缺乏实践机会，无法将所学知识应用到实际中。

随着我国经济的快速发展，对外交流的需求不断增加，但英语教学与社会需求之间的脱节问题仍然突出。例如，课程内容中缺乏与职场、商务等方面相关的知识和技能，难以满足学生未来就业的需要。

在国际化背景下，具备跨文化交际能力是衡量学生英语水平的重要指标。然而，许多英语课程未能将跨文化教育融入其中，导致学生在面对国际交流和合作时难以适应不同的文化背景和沟通方式。

六、教材选择存在不足

教材在很大程度上决定着课程的教学目的和教学方法，因此对于任何一门课程而言，教材的设计和选择都非常重要，甚至决定了这门课程教学的成功与否，英语教学也不例外。近年来，我国社会各方面都得到了较快的发展，但是英语教学在教材的选用上还是存在不少问题，如教材内容与社会脱节，教材设计无法满足现代英语教学的需求，同时在时效上，教材往往不能反映最新的社会主题。尽管部分学校也有引进合编的或原版的英语教材，并在我国本土教材的设计上有了较大改观，但是这些教材只追求"可教性与可学性"，而忽视了实用性，学生从课本上学到的知识无法在社会交际中得到应用，久而久之，导致学生渐渐失去对英语学习的兴趣。

七、师资队伍建设存在问题

当前，我国英语教学师资队伍建设存在一些问题，这些问题对于提高英语教师队伍的整体素质和教育教学质量有着重要的影响。

虽然我国近年来加大了对英语教师的培训力度，但是由于各种原因，部分英语教师的业务水平和教学能力仍然较低，不能满足现代教育教学的需求。此外，一些英语教师的教育观念和教育方法较为落后，无法适应教育现代化的要求。目前，在我国英语教师队伍中，高级职称的教师比例偏低，这种结构不合理的现象导致了教师队伍整体素质和能力的不足，影响了教育教学的质量。由于授课任务十分繁重，这也直接影响了英语教师参与教学科研活动，最终影响到他们的教学水平以及科研水平的提高。

第二节　英语教学的原则

在英语教学中，应注意遵循一些基本的原则，以确保教学的有效性和质量。

一、间接经验与直接经验相统一原则

间接经验指的是通过学习他人的知识成果来获取知识。这主要指的是人类历史经验的积累和传承，一般通过书籍、教材、多媒体等媒介进行传递。间接经验的学习可以帮助学生快速掌握人类长期积累的基本文化知识和技能，提高认知效率，避免重复前人的错误。

直接经验则是指学生通过亲身参与实践活动，直接获取感性认识。这种经验通常是在实际操作、实验、观察、调查等活动中获得的。直接经验的学习可以帮助学生将所学知识应用到实际情境中，增强他们的实践能力和创新能力，同时也可以激发学生的学习兴趣和主动性。

在英语教学过程中，间接经验和直接经验是相互联系、相互促进的。教师需要将间接经验和直接经验相结合，既要注重系统知识的传授，也要注重学生的实践操作和感性认识的培养，这样才能促进学生的全面发展，也能提高英语教学的质量和效果。

二、掌握知识与发展智力相统一原则

知识是人类长时间积累和总结出来的，是对客观世界规律和人类经验的总结。通过学习知识，人们可以快速地获取前人的经验和智慧，掌握基本的文化知识和技能。

智力是一种心理特征，是人类认识世界和解决问题的关键能力。在英语教学过程中，学生掌握知识和发展智力是有机统一的。一方面，

学生需要学习大量的知识，掌握基本的概念、原理和技能，这是进一步发展智力的基础。另一方面，通过发展智力，学生可以更好地理解和应用所学英语知识。因此，在英语教学过程中，教师需要注重英语知识传授和智力发展的统一，帮助学生既掌握基本的英语知识和技能，又能发展学生的智力，实现学生素质的全面发展。

三、掌握知识与提升思想品德相统一原则

在掌握知识与发展能力的过程中，学生不仅需要学习基本的知识和技能，还需要培养自己的思想觉悟和道德品质。这些品质包括爱国主义、集体主义、社会责任感、职业道德等，这些都是学生成为未来社会有用之才所必须具备的。同时，在英语教学活动中，教师也需要注重引导学生形成正确的意识形态、文化观念和伦理道德。教师可以通过自己的言谈举止、教学材料、教学方法等，向学生传递正确的价值观和文化观念。这样不仅可以帮助学生更好地掌握英语知识，还可以提高他们的思想觉悟和道德水平。

四、教师主导作用与学生主体作用相统一原则

首先，教师作为英语教学过程的设计者、实施者和引导者，具有非常关键的作用。教师需要根据英语教学内容、学生特点和学习目标，制订合理的教学计划，选择适当的教学方法，组织并引导学生的学习活动。同时，教师还需要关注学生的学习进程，及时调整教学策略，解决学生在学习过程中遇到的问题，激发学生的主动性和积极性。

其次，学生是英语教学过程的主体，具有主观能动性。学生是英语知识的接受者、建构者和创造者。学生在英语教学过程中扮演着重要角色，他们的学习态度、方法和效果直接影响到教学质量。因此，学生需要积极参与英语教学过程，发挥自己的主动性、创造性和实践能力，与教师共同完成教学任务。

五、智力因素与非智力因素相统一原则

英语教学活动既需要师生智力因素的参与，也需要师生非智力因素如情感和动机的参与。学生需要在智力因素如观察、记忆、思维和想象等充分发挥基础上，借助非智力因素如兴趣、动机等来调节自己的英语学习和认知过程。在智力因素和非智力因素相统一的前提下，会更加顺利地开展教与学的过程。

总结来说，英语教学的原则是多方面的，需要教师和学生共同遵循。只有遵循了这些原则，才能提高英语教学的有效性和质量，从而帮助学生更好地掌握英语语言能力，提升他们的国际交流能力和跨文化理解能力。

第三节 英语教学的理论依据

在教育领域，理论依据对于教学实践具有重要的指导意义。同样，英语教学也不例外。作为教育体系中不可或缺的一部分，英语教学的理论依据为教师提供了教学方法和策略的理论支持，有助于提高英语教学质量。本节将探讨英语教学的理论依据，以期为英语教师提供有益的借鉴和启示。

一、语言学理论

语言学理论作为英语教学的重要理论依据，对于教学实践具有深远的影响。在教育领域，理解和运用语言学理论有助于教师更好地开展英语教学工作，提高学生的学习效果。

语言学理论主要是对语言的组成、结构、功能和变化进行系统性的研究。它包括许多不同的分支，如音系学、语法、语义、语用学、社会语言学、心理语言学等。这些分支之间虽然有交叉和重叠，但它

们都致力于理解语言的本质和语言与人类思维、行为和社会的关系。

在语言学理论中，最为基础和核心的概念之一是"语言规则"。语言规则是指语言中各种语言单位（如单词、短语、句子）的组合方式以及这些单位之间相互作用的规则。语言规则可以分为两大类：内部规则和外部规则。内部规则是指语言单位内部的规则，如单词的音素组合规则、句子的主谓宾结构规则等。外部规则是指语言单位之间的规则，如单词的变位规则、句子的时态和语态规则等。

除了语言规则之外，语言学理论还涉及许多其他的概念和理论。例如，语义学是研究语言意义和语义结构的学科。语义学认为，语言意义是由语言结构所决定的，而语言结构又是由语言规则所规定的。因此，语义学的研究重点是语言规则和语言结构之间的关系。此外，语用学是研究语言使用的社会和文化背景的学科。语用学认为，语言使用不仅取决于语言规则，还取决于语言使用者的社会和文化背景。因此，语用学的研究重点是语言使用的情境和语言使用者的社会和文化背景。

社会语言学是研究语言与社会互动的学科。社会语言学认为，语言不仅是一种工具，也是一种社会现象。语言的使用和变化与社会的历史、文化、政治、经济等因素密切相关。因此，社会语言学的研究重点是语言与社会之间的互动关系。

二、教育传播理论

教育传播是由教育者按照一定的目的和要求，选定合适的信息内容，通过有效的媒体通道，把知识、技能、思想、观念等传送给特定的教育对象的一种活动。它旨在让学习者通过接受信息，掌握知识、技能和树立正确的价值观。教育传播是教育系统的重要组成部分，对于提高教育质量和效果具有至关重要的作用。

(一)教育传播的特点

概括来说,教育传播具有以下特点(表1-1)。

表1-1 教育传播的特点

教育传播的特点	具体阐述
目的性	教育传播的目的明确,旨在传播特定的知识和技能,达到一定的教育目标
特定性	教育传播的对象是特定的,即针对特定的学习者或学习者群体
媒体多样性	教育传播可以利用多种媒体进行,如教材、多媒体资源、网络等
双向互动性	教育传播是一种双向互动的过程,教育者与学习者之间需要相互交流和反馈,以更好地实现教育目标
动态性和序列性	教育传播是一个动态的过程,需要按照一定的序列进行,包括信息的编码、传输、译码等过程
效果反馈	教育传播的效果需要进行评估和反馈,以了解传播的效果是否达到预期的目标

(二)教育传播的基本原理

教育传播的基本原理主要包括以下四点:

1. 重复作用原理

重复作用的主要原理是:通过多次呈现同一个概念,人们可以在不同的情境下更好地理解和记忆这个概念。这种重复呈现可以是在不同的场合、使用不同的词汇、通过不同的方式等。例如,在学习一门新的语言时,学习者可以通过在不同的情境下使用这种语言,如在课堂上、在日常生活中、在社交场合等,来加深对这种语言的理解和记忆。

重复作用也可以帮助人们更好地应用知识。通过在不同的情境下重复应用同一个概念,人们可以更好地掌握这个概念的应用技巧和方法。

2. 信息来源原理

权威人士或信誉良好的人所提供的信息更容易被人们接受,这是因为在社会中人们往往认为这些人的信息更加可信、准确和有用。在教育传播中,教师作为重要的信息来源之一,需要树立起自身的良好形象，以赢得学生的认可和信任。只有这样，学生才会更容易接受教师所传递的信息。

为了树立良好的形象，教师需要具备专业素养和道德品质，包括广博的知识储备、高效的教学技能、良好的师德师风等。同时，教师还需要注重个人形象和言行举止，做到严谨自律、言行一致，成为学生的表率和榜样。此外，教师在教学中所使用的资料也必须具有正确、真实、可靠的来源。这需要教师对资料进行充分的核实和筛选，确保所使用的资料符合学术规范和道德标准。同时，教师还需要注重资料的更新和修正，及时更新教学资料，保持信息的准确性和时效性。

3. 抽象层次原理

相关研究表明，符号的抽象层次越高，其表达的具体意义就越广泛，但也更容易引起误会。在教育传播中，教师需要注意控制信息符号的抽象程度，确保学生能够理解和接受。

当教师使用抽象的符号或概念时，需要充分考虑学生的理解能力。如果学生缺乏必要的背景知识或理解能力，他们可能会对抽象的符号或概念感到困惑或误解。因此，教师需要使用简单、直观的语言和例子来解释这些符号或概念，从而帮助学生理解其含义和应用。此外，教师还可以通过多种方式来降低信息符号的抽象程度。例如，教师可以利用图像、图表、动画等直观的方式来呈现信息，帮助学生更好地理解和记忆。教师还可以通过实例和案例来解释抽象的概念或理论，使学生更容易将其应用到实际生活中。

4. 共同经验原理

教育传播从本质上来说就是传递与交换信息的过程。这个过程涉及教育者将特定的知识、技能和思想传递给学生的环节。为了保证教育传播的良好效果，教育者和学生之间必须具备共同的经验范围。

共同的经验范围是指教育者和学生之间对于某个领域的知识、技能和思想有着共同的认知和理解。这种共同的经验范围可以帮助学生更好地理解和掌握知识，同时也能够促进师生之间的交流和互动。

如果教育者和学生之间没有共同的经验范围，那么教育传播的效果就会大打折扣。例如，如果教师对于某个领域的知识非常精通，但学生对于这个领域一无所知，那么教师就很难将这个领域的知识有效地传达给学生。相反，如果学生对于某个领域已经有一定的了解和认知，但教师对于这个领域一无所知，那么学生就很难从教师那里获得更多的知识和技能。

因此，为了保证教育传播的良好效果，教育者和学生之间需要建立共同的经验范围。这既需要教育者具备广博的知识储备和教学技能，同时也需要学生具备一定的前置知识和学习能力。只有建立了共同的经验范围，才能更好地实现教育传播的目标，提高教育质量和效果。

（三）教育传播的模式

教育传播模式主要包括以下四种：

1. 香农-韦弗传播模式

香农-韦弗传播模式是一种描述信息传播过程的数学模型，最初是由香农和韦弗在1949年提出的。这种传播模式最初是单向的，后来加入了反馈系统而成为双向封闭的形态。

在香农-韦弗传播模式中，发射器的主要作用是进行编码，即将信息转化为可以通过传播渠道进行传递的信号；接收器的主要作用是进行译码，即将接收到的信号转化为信息。噪声指的是对信息传播有所干扰的所有信息，包括各种干扰信号、噪音和其他干扰因素。

香农-韦弗传播模式能够解释许多人类传播过程，如教学过程中的信息传递。在教学模式中，教师作为信息的发射器，将信息编码成适合学生接收的形式，并通过教学媒体（如教材、黑板、投影仪等）传递给学生。学生作为接收器，接收并译码这些信息，从而形成自己的知识。同时，学生也可以通过作业、提问等方式向教师反馈信息，形成双向交流。

然而，香农-韦弗传播模式也存在一些局限性。首先，它忽略了人的因素和社会的因素对传播过程的影响。其次，它假设传播过程中不存在误差或干扰，这与实际情况存在一定的差距。最后，它只适用于单向和双向的线性传播过程，而无法解释复杂的非线性传播现象。

2. 拉斯韦尔模式

拉斯韦尔模式（Larswell Model）又称"5W传播模式"，是美国政治学家拉斯韦尔于1948年提出的一种传播模式。该模式清晰地揭示了传播的基本过程，包括谁（Who）、说了什么（Say What）、通过什么渠道（In Which Channel）、向谁说（To Whom）、有什么效果（With What Effects）五个要素。

谁（Who）：指的是传播者，即信息的发起者或发送者。

说了什么（Say What）：指的是传播内容，即信息本身。

通过什么渠道（In Which Channel）：指的是传播媒介，即信息传递的渠道和途径。

向谁说（To Whom）：指的是传播对象，即信息的接收者或受众。

有什么效果（With What Effects）：指的是传播效果，即信息对受众产生的影响和作用。

拉斯韦尔模式的优点在于它清楚地揭示了传播过程的主要因素，有助于人们理解不同传播情境下的传播行为。然而，它也存在一些局限性，如它忽略了传播过程中的反馈和互动因素，以及受众的主动性和选择性。因此，在实际应用中需要结合具体情况进行灵活运用和修正。

3. 贝罗传播模式

贝罗传播模式（Berlo's Model）是一种综合了多种学科理论（哲学、心理学、语言学、人类学、大众传播学和行为科学）以解释传播过程中的四个要素的模式。这四个要素分别是信源（传者）、信息、通道和接受者。

信息源（source），即信源，指的是信息的发起者或发送者。在传播过程中，传播者需要考虑自身的传播技巧、态度、知识水平。同时，传播者在社会中的地位、影响与威信，以及学历、经历与文化背景等因素也会对传播效果产生影响。

信息（message），即信息的内容和结构。在传播过程中，传播者需要对信息进行编码，即将信息转化为可以通过传播渠道进行传递的信号。这些信号主要包括语言、文字、图像与音乐等符码。除了信息成分外，信息的结构也是影响传播效果的重要因素。

通道（channel），即信息传递的渠道和途径。在传播过程中，通道的选择和设置对于信息的传递和接收都非常重要。不同的通道有不同的特点和使用方式，传播者需要根据具体情况选择适合的通道进行信息传递。

接受者（receiver），即信息的接收者或受众。在传播过程中，接受者可以变成传播者，传播者也可以变成接受者。因此，影响接受者的因素与传播者相同。接受者对于信息的接收和处理会受到自身文化背景、知识水平、心理状态等因素的影响。

贝罗传播模式明确而形象地说明了影响信息源、接受者和信息实现其传播功能的条件。它强调了传播过程的双向性和互动性，以及传播过程中各要素之间的相互影响和作用。同时，贝罗传播模式也提醒我们注意到传播过程中存在的各种干扰因素和不确定性因素，如噪音、干扰信号等，这些因素会对传播效果产生重要影响。

总之，贝罗传播模式是一种非常重要的传播理论，它为我们理解和解释传播过程提供了有益的框架和工具。通过深入研究和应用贝罗传播模式，我们可以更好地理解传播过程中的各种要素和环节，提高传播的效果和质量。

4. 施拉姆传播模式

施拉姆传播模式是一种传播过程模型，它强调了传播的互动性和双向性。该模式由施拉姆提出，并在 C. E. 奥斯古德的观点启发下进行了完善。

在施拉姆传播模式中，传播者和受众是相互作用的，并且传播过程是一个循环的过程。传播者通过发出信息来传递信息，受众接收到信息后会对信息进行解读和理解，并将反馈传递给传播者。这个循环过程可以反复进行，不断调整和优化传播效果。

施拉姆传播模式的优点在于它强调了传播的互动性和双向性，突出了受众在传播过程中的地位和作用。同时，它也揭示了传播过程中存在的多种因素和变量，这些因素和变量会影响传播的质量和效果。

然而，施拉姆传播模式也存在一些缺陷。首先，它过于简化了一些复杂的社会和心理现象，无法全面解释所有的传播行为和过程。其次，它忽略了传播过程中存在的许多干扰因素和不确定性因素，如噪音、干扰信号等，这些因素会对传播效果产生重要影响。

（四）教育传播的过程

教育传播的过程是一个由教育者借助教育媒体向受教育者传递与交换教育信息的过程，可以分为以下六个阶段。

1. 确定教育传播信息

教育者根据教学目标和教育需求，确定需要传递的教育信息，包括知识、技能、思想、观念等信息内容。

2. 选择教育传播媒体

根据受教育者的特点和教育信息的性质，选择适合的传播媒体，如文字教材、视听教材、多媒体教材等。

3. 通道传送

通过选择的传播媒体，将教育信息传递给受教育者，可以通过课堂教学、广播电视、互联网等多种渠道进行传播。

4. 接受与解释

受教育者接受并解释传递过来的教育信息，通过听觉、视觉、触觉等多种感官来感知信息，并根据自己的经验和理解来解释和加工信息。

5. 评价与反馈

受教育者对接收到的教育信息进行评价和反馈，包括对信息的理解程度、掌握程度和应用情况等。同时，教育者也可以根据受教育者的反馈和评价，对教学过程进行调整和优化。

6. 调整再传送

根据评价和反馈的结果，教育者对传递的教育信息进行调整和改进，再次进行传播。这个过程可以反复进行，直到达到预期的教学目标和学习效果。

在教育传播的过程中，每个阶段都有其特定的任务和要求，需要教育者和受教育者共同努力和配合，才能够实现有效的教学和学习。

三、建构主义学习理论

在教育领域，建构主义学习理论作为一种重要的学习理论，对于教学实践具有深远的影响。将建构主义学习理论应用于英语教学，有助于学生更好地掌握英语知识和技能，提高学习效果。

建构主义学习理论强调学生的主体性和自主性。学习者不是被动地接受知识，而是通过自己的经验和知识来构建新的知识。学习者需要主动参与学习过程，通过自己的思考和探索来获得新的知识。

建构主义学习理论还强调了社会和文化的重要性。学习者所处的环境和社会文化背景对他们的学习有着重要的影响。学习者需要通过与他人的交流和互动来获得新的知识和理解，同时也需要将所学知识应用于实际生活中。

建构主义学习理论提出了许多有益的学习策略和方法。例如，学习者需要主动寻找和收集信息，而不是被动地接受外部信息。学习者需要将所学知识与自己的经验和知识相结合，以加深理解和应用。学习者还需要积极参与讨论和交流，与他人分享和交流自己的学习经验和理解。

四、实用主义教育理论

实用主义教育理论的核心观点是"从做中学"，因而在实用主义教育理论指导下的教学中，个体在活动中的亲自体验与尝试是获得真知的主要手段。这也就意味着在教学中，知识不再是本位，教师也不再是中心，要鼓励并帮助学生主动去探索和成长。在学校教育中，学生的主体地位要得到确立，教师要探索有效且有趣味的教学方法，确保学生的学习在实践中进行，以达到发展学生的能力的目的。

五、多元智能理论

目前，在英语课程教学中，智能教学在其中占据着非常重要的地位，而要想促进智能教学活动顺利开展，就必须将多元智能理论应用到其中。多元智能理论提出，智能主要是以多元化的形式而存在的，将该理论应用于教学领域中，可以帮助教育人员具备智力强项，同时使他们积极参与到新活动与新教学方法的研究工作中。

（一）多元智能理论的概念

1. 语言逻辑能力

在英语学习过程中，语言逻辑属于一项最基本的能力。通常情况下，逻辑是指一个人对问题推理以及分析的能力，通过自己对事物的理解，思考其中可能存在的问题，最终找出导致问题发生的原因。多元智能理论本身就具有一定的逻辑性，对于可被测量、归类以及分析的事物都容易被接受。另外，在语言逻辑能力中，语言能力属于其中非常重要的部分，一般情况下，实现语言智能化，就是对听、说、读、写、译的能力进行高效应用，在此基础上可以更好地接受事物，同时能够根据事物实际情况进行合理描述。

2. 视觉与节奏

在智能理论中，视觉与节奏属于其中重要的核心组成部分。一般情况下，空间智能视觉主要是指能够对视觉空间精准定位，同时还能准确理解空间特点，将自己在空间内所感受到的内容以更加形象的画面充分表达出来，以此来体现良好的视觉能力，在面对线条、色彩以及形状时，具有非常强的敏感性。对于节奏而言，主要是与音节之间实现有效连接，对于节奏的智能化，主要是人对音频、节奏以及旋律等进行准确识别。

3. 自知与交流

自知与交流二者具有一定的两面性，与自省与自知之间具有一定的相似性，主要体现为认知、观察以及反省自身的能力，可以全面掌握自身存在的优点与缺点，最终实现对自己的合理控制。在人们交往与社会发展中，交流属于一项非常重要的能力，如与人相处时具有非常强的洞察力，能够识别他人的情绪，从而在交流过程中做出合理的反应。

(二)多元智能理论的特点

1. 普遍性

任何一个主体都涉及多种智能,只是在发展程度与组合等方面具有一定的差异。但是,对于人的智能而言,彼此之间具有一定的独立性,并且以多种形式存在,在经过系统的整合之后,可以重点突显一个方面。

2. 开发性

人的多元智能发展水平与开发以及日常训练有着密切联系。人们在日常生活与学习中,通过接受学习与教育,可以不断提升自己的智能水平,开发程度越大,发展水平就越快,智能水平相对也就越高。

3. 差异性

每个人的智能都具有一定的独立性,但是因为所处环境与教育不同,在各方面条件限制下,每个人在智能方面都存在一定的优点与缺点,所以在表现方法以及表现程度上也具有一定的差异。正是因为智能方面存在不同,所以对学习效率以及学习方法等方面产生了一定的影响。

4. 实践性

主体在社会发展与实践中,需要解决实际问题,不断发现新鲜事物,而智能则是以上过程中的主要能力。从本质角度来看,智能就是主体解决实际问题或生产出社会需求产品的能力。

第四节　英语教学的教学方法

一、任务型教学法

（一）任务型教学法简介

任务型教学（Task-based Language Teaching，TBLT）是一种以任务为导向的语言教学法，它的核心理念是让学生通过实际的语言应用来学习语言，而不仅仅通过语法和词汇的学习来学习英语。任务型教学法强调学生的主动性和积极参与，鼓励学生在完成任务的过程中，不断思考、探索、发现和解决问题，从而提高他们的语言能力和语言应用能力。

任务型教学法的基本思想是让学生在完成任务的过程中，将语言知识和技能应用到实际情境中，从而提高他们的语言能力。这种教学法注重学生的自主性和参与性，鼓励学生主动探索、发现和解决问题，而不是被动地接受知识。在任务型教学法中，学生通过完成各种任务，如解决问题、完成项目、模拟对话等，来提高他们的语言能力和语言应用能力。

任务型教学法的主要特点包括：

（1）强调学生的自主性和参与性。任务型教学法注重学生的主动性和积极参与，鼓励学生自主探索、发现和解决问题，从而提高他们的语言能力。

（2）注重实际应用。任务型教学法强调将语言知识和技能应用到实际情境中，让学生在完成任务的过程中不断提高语言能力和语言应用能力。

（3）强调合作与交流。任务型教学法鼓励学生合作与交流，让学生在完成任务的过程中不断提高语言能力和语言应用能力。

(4)注重评价与反馈。任务型教学法注重评价与反馈，让学生在完成任务的过程中，不断反思、总结和提高语言能力和语言应用能力。

任务型教学法是一种注重实际应用、强调学生自主性和参与性、注重合作与交流、注重评价与反馈的语言教学法，它能够有效地提高学生的语言能力和语言应用能力。

（二）任务型教学法的实施

目前学界对于英语任务型教学法的实施步骤认可度最高的是威利斯（Willis，1996）提出的三阶段模式，分别为任务前、任务中和任务后阶段。

1. 任务前阶段

任务前阶段是英语任务型课堂教学实施步骤的第一个环节，也是英语任务开展前的准备阶段。这一阶段教师可以从教学和情感两个维度引导学生完成任务执行前的准备工作。在英语教学中，教师明确任务的主要内容，向学生介绍任务的大致流程和任务执行时需要注意的相关事项，激活学生头脑中的语言储备。在介绍任务要求时，教师可以通过播放视频、展示实物、多媒体展示图片等方式进行导入，通过这些方式进行导入有助于快速集中学生的注意力，使学生全身心地投入英语的学习中；在情感方面，教师在上课前应充分备课，明确教学目标和教学重难点，并思考新知与学过的知识是否有联系。此外，备课的同时也要了解每一名学生的英语水平和学习需求，最大限度地激发学生学习英语的积极性，使学生能够积极地参与任务活动，减少部分学生抵触上课的情绪，如上课伊始，教师可以向学生进行简单的问候，或者播放舒缓的音乐和有趣的视频，减轻学生学习英语时紧张焦虑的心理，为学生创造一个轻松愉悦的学习氛围，让学生能够全身心地投入教学活动。在整个教学活动中，任务前阶段是英语任务型教学课堂的基础部分，这关系着后续任务能否顺利开展。

2. 任务中阶段

任务中阶段是英语教学中学生执行任务的过程。在这一阶段，学生是课堂的中心，是任务执行的主体，教师主要起引导和监督的作用，最大限度地保证学生的主体地位。学生完成任务有很多途径，如通过小组合作、情景对话、探讨交流等方式。在学生执行任务的过程中，教师大量使用鼓励性的语言，并引导学生运用英语语言来完成任务，但不可过多干涉。由于学生水平有限，因此教师在任务执行过程中，应允许学生通过查字典、使用翻译软件等来解决疑难问题，针对学生解决不了的问题，教师应及时作出解释、提供帮助。这样既保护了学生对表达的兴趣，同时也能加强教师与学生之间的互动。另外，教师还要掌控好执行任务的时间，鼓励学生尽量自主完成任务。

3. 任务后阶段

任务后阶段是英语任务型教学法的最后一个环节，也是学生任务完成情况的总结反馈阶段。在这个阶段，首先，学生已经完成小组任务，教师可采用提问和小组汇报的方式来检验学生掌握知识的情况，从而把握学生完成任务的程度；其次，教师要结合学生实际，启发学生解决问题，归纳出学生错误率较高的地方并进行提示和纠正；然后，教师带领学生梳理本节课的知识内容、复习回顾教学重难点，进一步帮助学生巩固所学知识；最后，教师指导学生进行语言形式的操练，从而培养学生将语言知识和语言形式转化为言语交际的能力。

任务型教学法的实施步骤包括任务前、任务中和任务后三个阶段。在英语任务型课堂上，教师要把握好这三个环节，在实施过程中应注意三个阶段的前后贯通，层层递进，帮助学生掌握语言知识和语言技能，激发学生学习英语的兴趣，提升他们综合运用语言的能力。

二、产出导向法

（一）产出导向法简介

"产出导向法"（Production-Oriented Approach，POA）是以"输出驱动假设"为原型而提出的，其中"产出"对应英文 production，既包括输出（output）的说和写，也包括口译和笔译；在强调产出过程（producing）的同时也强调了产出结果（product）。POA 的理论体系包括"教学理念""教学假设"和"教学流程"三个部分，它们的关系如图1-1所示。

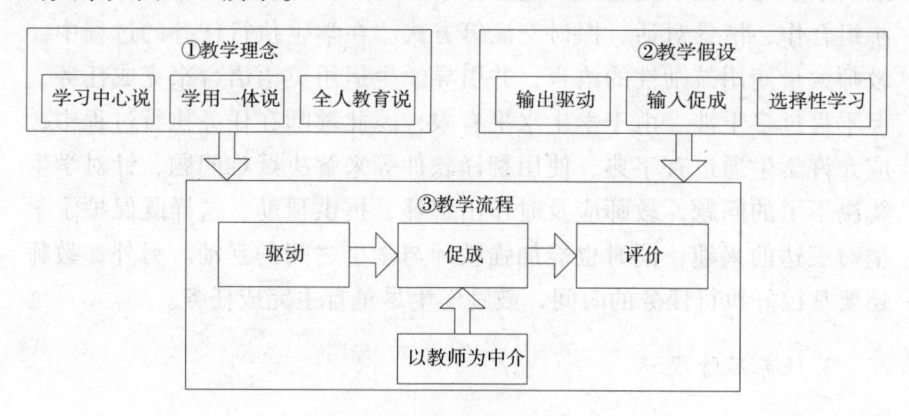

图1-1 POA理论体系

由图1-1可知，教学流程设计是基于一定的教学理念而展开的。POA的教学理念包括"学习中心说""学用一体说"以及"全人教育说"三个部分，强调教学要以帮助学生有效学习为中心；教学活动与运用紧密相连，学生能够将所学知识转化为产出能力，运用到日常交际中；帮助学生提高思辨能力、自主学习能力和综合文化素养等。

POA的教学流程包含三个阶段：驱动（motivating）；促成（enabling）；评价（assessing）。例如，对于英语口语课程教学而言，"驱动"阶段要求教师在上课前创设情景让学生进行口语产出，刺激学生生成学习动力和兴趣，接着教师阐明教学目标与任务。在"促成"阶段，教师主要充当中介作用，依据学生口语水平提供输入材料供学生选择性学习。"评价"阶段包括即时和延时两种：明确评价标准后，教师在课堂上进行即时评价，针对学生的口语表达情况给出一定的肯定和建议；对学生课后任务中的口语表达情况给出延时评价和相关建议。

（二）产出导向法在大学英语教学中的应用

本部分以《新生代英语基础课程1》Unit 2 *It's raining hard* 为例，分析产出导向法理论的具体应用策略。

1. 驱动环节：明确产出任务，设计真实的交际场景

驱动环节即输出环节，这是产出导向法的第一环节，教师通过设计真实的交际场景并明确相应的产出任务，提高学生的学习兴趣，活跃课堂氛围。输出阶段强调教师要在教学活动开展前明确与产出目标相吻合的教学任务，并基于此设计与课堂目标相符的真实交际场景，帮助学生在活动中提升自身的交际价值和语言能力。首先，教师需要根据教学主题设计多样化的真实交际场景，借助日常生活还原教学情境，为学生提供实践的环境。其次，教师需要根据教学场景明确产出任务。教学目标是教学活动的指路标，为此，教师需要根据教学目标明确产出任务，根据学生的认知发展水平和最近发展区设计具有迁移性、水平性、垂直性的多元化任务，确保学生在产出任务中学习能力和语言技能能够不断提升。

教师在阅览完毕本单元的教材内容后可以得知本单元的教学主题为 Weather，主要的教学目标是使学生能够运用英语流畅准确地描述某一地域的生活环境。为此，教师需要以产出导向法理论作为指导，明确本单元的产出任务：（1）结合本校所在地区的气候环境，引导高校学生运用现在进行时描述本市常见的天气情况；（2）以"A weather forecast"为题引导学生开展写作活动。在交际场景上，英语教师可以以具体教学时的天气情况为题开展本节课的教学内容，这一活动主题与学生的实际生活相联系，学生能够很快地融入教学情境中，以此激发学生的学习兴趣和交流的积极性，活跃课堂氛围。同时，真实性较强的交际场景更能发挥产出导向法学用一体化理念，加强英语语言教学与学生日常生活实践的联系，提升高校学生的英语职业核心素养，具体教学活动安排如下：

【教学活动】

Unit 2 *It's raining hard* 这一单元可以分为4次课，8个课时来完成。在 Unit 2 *It's raining hard* 的第一课时中，教师可以在 Lead-in 时抛出第一个产出任务：结合本校附近的生活环境，联想生活中常见的天气现象。同时，教师可以借助教材中的"Vocabulary Builder"和"Show time—It's raining hard"两个板块，引导学生运用本单元的词汇或短语简明地表达自己的意见和看法。另外，在明确产出任务后，教师可以进一步询问学生家乡的天气情况，进一步活跃课堂氛围。通过以上

两个产出任务能够提高学生对所处城市环境的关注和兴趣，从而提高课堂教学质量和效率。

在 Unit 2 It's raining hard 的第二课时中，主要借助 "Reading—Fun facts on British Weather" 和 "Chat Time—Do you mind if I borrow your umbrella?" 两个板块，教师可以运用中西环境对比的方法，在 reading 部分中提出第三个产出任务：你喜欢什么天气？为此你需要付出什么样的努力？通过这一产出问题，一方面能够发挥学生的主体地位，让学生展开联想，培养学生的英语核心素质；另一方面，融入英语课程思政环节，提高学生的思想道德水平，培养学生节约资源、保护环境的意识。Unit 2 It's raining hard 的第三课时的教学资源由 "Writing—A weather forecast" 和 "Grammar—Present continuous tense" 两部分组成。教师在带领学生学习完教材范文后可以提出产出任务：以 "A weather forecast" 为题写作文。通过明确产出任务，可以提高学生的学习注意力，鼓励学生熟练掌握英语知识和写作技巧。在 Unit 2 It's raining hard 的第四课时中，教师可以针对写作这一方面的产出任务进行评价并向学生展示优秀作品，供学生参考和借鉴。

2. 促成环节：设计多元化教学任务，转变传统教学模式

促成阶段也就是课堂活动开展的核心环节，这一阶段需要教师合理使用多元化的教学材料，对学生的听、说、读、写、译五大基础能力进行训练，引导学生完成教学任务，提升学生的英语学习水平。在产出导向法理论中的促成环节，需要教师围绕多元化的课堂活动进行展开，通过输出环节中的产出任务活跃学生的学习思路，拓展学生的理解能力，从而推动学生听、说、读、写、译能力的全面提升。

面对较复杂的产出任务时，教师可以将产出任务分为不同的子任务。这里需要教师科学设置子任务，由浅入深、由易到难，循序渐进地引导学生开展教学活动，最大限度地提高学生的学习参与度，具体教学活动安排如下：

在 "Vocabulary Builder" 和 "Show time—It's raining hard" 部分，教师可以根据教材中的图片和音频材料，设计 9 个子任务，其中教师可以将子任务由易到难、由浅入深地分解，层层递进，从而帮助学生理解词汇、短语和句式，让学生在 "学中练" "用中学"，加强语言输出与知识输入之间的紧密性。

第一章 英语教学研究

在"Reading—Fun facts on British Weather"和"Chat Time—Do you mind if I borrow your umbrella?"活动中,教师可以将本地区的天气情况与英国的天气进行对比,让学生了解本地与英国地区的气候差异。同时,教师可以在学生完成第一个产出任务后组织学生开展小组讨论活动,得出本小组最喜欢的天气情况,为后续"A weather forecast"写作活动奠定基础。

在"Writing—A weather forecast"和"Grammar—Present continuous tense"部分,教师可以先带领学生理解教材范文的结构、内容,再运用填空、补充词句等方式引导学生熟记重点短语和重点词汇,然后教师可以运用问答法拟写范文的结构框架,最后教师可以带领学生进行句型的仿写。通过上述多个子任务能够实现对写作基础的输入与输出练习,最终完成写作这一产出任务。

3. 评价环节:选择性评价与终结性评价相结合,把握教学方向

评价环节是指在教学活动中教师运用选择性评价和终结性评价对学生的学习情况进行及时性或延时性的反馈,并将评价成绩纳入期末平时分中。例如,教师可以在学生回答问题后进行选择性评价,及时引导学生了解自身的优缺点;教师也可以对学生在子任务中出现的典型问题进行终结性评价,即教师需要总结学生的整体问题并加以分析,最终为学生提供具体的优化策略。教师运用多元评价教学方式能够有效提高学生的学习积极性,为英语课堂教学提质增效,具体教学活动安排如下:

在"Vocabulary Builder"和"Show time—It's raining hard"的9个子任务中,英语教师对学生的回答进行了积极客观的评价和回馈,为学生提供了回答问题的勇气和信心,同时设置由浅入深、由易到难的子任务,带动更多的学生加入了课堂教学中,活跃了课堂氛围。

在"Reading—Fun facts on British Weather"和"Chat Time—Do you mind if I borrow your umbrella?"这两个活动中,教师通过中西对比的提问方式进行了考查,并将学生的课堂参与状况记录到了期末平时分中。这既能够提升学科评价的多样性,又能够提高学生的学习积极性和课堂参与的主动性。

在"Writing—A weather forecast"和"Grammar—Present continuous tense"一部分中,教师在课后批改学生的作文,并在课内对学生的作

文内容和整体书面情况进行细致的评价和总结，将平时的作文分数和等级计入期末考评中，鼓励学生提高自身的写作能力和英语素养。

在新时代背景下，大学英语教师不仅要成为知识的传送者和搬运者，而且要成为学生成才路上的指引者和建设者。大学英语教师可运用产出导向法理论，通过输出、促成和评价三个阶段，实现知识的输入与输出，提高学生的英语核心素养。

（三）产出导向法与线上线下混合式教学融合在大学英语教学中的应用

以《全新版大学英语综合教程2》Unit 1 Living green 为例，提出产出导向法与大学英语线上线下混合式教学有机融合的具体方法。

1. 融合的过程与方法

（1）驱动阶段。利用学习通在上课前一周为学生推送有关绿色环保的视频（该视频使用虚拟仿真技术），作为听说任务，督促学生在上课前一天完成听力任务，并且在学习通平台根据视频课程，用口语回答问题"What should people do to protect environment in Shanxi Province?"让学生明白保护环境的重要作用，了解环境保护实施的举措，同时激发学生的产出能力。在线下课堂，教师设置谈论绿色生活的情景，组织学生开展对话。在对话活动中，可以让学生重点围绕以下三个问题展开讨论。

"① Why is it important to live green? ② Which things can people do to reduce energy consumption? ③ How will you live green in your own life?"

通过产出驱动任务，学生会认识到语言能力的不足，从而产生学习的积极性和动机。最后，教师介绍单元教学目标：口语目标是用简单的单词和句子描述可以减少使用的物品和可以重复回收的物品；写作目标是写一篇关于如何绿色生活的文章。

（2）促成阶段。①内容促成。基于第一单元的三篇文章——《脱离电网的生活：一家城市居民如何发现了简单生活》（Living off the grid: how a family of city-dwellers discovered the simple life）、《自由自在的一家人：郊区的无车生活》（The free-wheeling family: car-free in suburbia）、《中国的太阳能屋顶热水器》（China's solar roof water heaters）设计以下课堂活动：第一，提炼三篇文章中绿色生活的内涵；第二，在三篇文章中，归类绿色生活做法；第三，归类三篇文章中提到的有关绿色生活的好处。在提炼和归类活动中，学生逐渐完成产出写作和口语任务。

②语言促成。在词汇层面，教师从三篇文章中选取与后面产出任务相关的高频词做成相关填空练习，帮助学生学用结合，正确使用语言表达。

We can_____plastic bottles.（recycle）

She is going to_____useful rubbish.（recycle）

在句子层面，教师选取与产出任务相关的句子，要求学生改成复合句或用特殊词汇搭配。

When we leave a room, all the lights should be turned off.（使用"It is...that..."强调句改写）We don't spend much time on understanding that we should save water.（使用 It takes sb. time to do sth. 改写）

在篇章层面，教师用一个段落示范作者如何用主题句阐明观点，用哪些具体词阐述作者的观点。例如：

In addition, we are also trying to make other changes. They include reducing the amount of trash we generate by recycling and composting, growing our own organic vegetables, and reusing and repurposing things that we would normally toss. We also want to produce our own eggs and goat's milk in the near future.

本段中，作者首先使用主题句，阐述"我们"一家尝试做出其他改变。本段呈现出总分结构。主题句后面继续阐述作者一家人还做出哪些改变，并列举了一系列例子。

③结构促成。结构是段落和语篇有效性的标志。本次教学实验结构促成通过两个举例说明的语篇实现，笔者提供《脱离电网的生活：一家城市居民如何发现了简单生活》（Living off the grid: how a family of city-dwellers discovered the simple life）和《自由自在的一家人：郊区的无车生活》（The free-wheeling family: car-free in suburbia）两个语篇（两篇文章均是分总结构，均使用多个例子支撑主旨句），设计了结构提取练习，要求学生找出主旨句、结尾句以及语篇中的作者为了阐述主题句所使用的例子。提取结构之后，组织学

生以此结构为框架,将如何践行绿色生活的例子填入,实现结构迁移。

(3)评价阶段。在产出阶段,学生在课上完成产出任务,根据促成阶段学习,完成如何绿色生活的作文,制定学生互评和教师评价标准。利用学习通平台,进行学生自评、学生互评和教师评价。

2. 课程考核多元化评价

传统的"期末一考定成绩"的评价方式,不符合高校人才培养的要求。大学英语多元化的考核评价能够促进学生学会自主学习和全面发展。在课程改革实践中,可以结合本科培养要求和大学英语培养目标,确立形成性评价和终结性评价相结合的课程评价方式,促进过程性考核与结果性考核。

(1)针对学生的考核评价要多元化。首先,改革考核内容,由固化试题内容转向对地方文化、跨文化内容的考查,加大对学生深度语言理解力、应用能力、分析能力及表达能力的考核。作文和翻译可以涉及地方文化和跨文化交流的相关内容。比如,写一封信给你的外国朋友,推荐陕西旅游文化景点并说明原因。这一作文题目考查了学生对文化知识的掌握程度,解决问题的能力,是涉及跨文化交际能力、逻辑思维能力和语言表达能力的综合考评,同时也能够帮助教师了解学生课程思政的掌握程度。通过这样的考核评价,将使课程思政的实施更加具有针对性,也能确保大学英语课程思政教学取得良好效果,让学生真正从大学英语课堂学会综合性的文化知识,培育良好的思想品质。其次,结合大学英语教学目标,从教学各环节改革考核方式。课程考核评价主要可以由学习通平台进行课前线上学习、超星测试、POA产出成果评价、课外实践评价和期末考试构成。前四个部分为平时过程性评价,最后一部分是终结性评价。线上学习情况和随堂测试,由学习通平台直接提供数据,可以真实且及时地反映学生的学习情况、记录学生的学习数据,教师也可以根据线上学生的学习情况和测试水平,及时调整教学策略和教学内容。POA产出成果评价是指利用学习通平台进行线上学生自评和学生互评。通过自评和互评,学生在这个过程中可以进行同伴学习和自主学习。教师线上评价可以帮助学生及时了解教师的反馈,及时调整学习策略。此外,还要对课外实践活动进行评价,如课下英语角活动,促进学生进行外语实践。这些活动以教师评价为主,有助于促进学生养成自主学习能力。通过形成性评价和终结性评价相结合，可以多维度考核，可以促进学生听、说、读、写、译全面发展，提高学生语言输出能力，有助于培养学生语言应用能力。

（2）建立针对教师的多元教学评价。高校的人才培养目标是培养符合经济文化发展的应用型人才，要求与行业发展相一致，因此可以聘请行业专家进课堂，可以采用学校督导、行业专家和学生评价相结合的教学评价方式。这一评价方式可以帮助教师了解学生的学习需求，以学生为中心。另外，聘请行业专家进课堂，还能够帮助教师调整教学内容，使教学更加贴近行业培养的要求。

三、项目式教学法

（一）项目式教学法简介

项目式教学法（Problem-Based Learning method，PBL）是以问题为导向的教学方法，是基于现实世界的以学生为中心的教育方式，是在教师的引导下，"以学生为中心，以问题为基础"，通过采用小组讨论的形式，学生围绕问题独立收集资料，发现问题、解决问题，培养学生自主学习能力和创新能力的教学模式。

以学生为中心是PBL教学法的基本理念之一。这意味着教师应该关注学生的需求和兴趣，为学生提供个性化的学习体验。在PBL教学法中，学生是学习的主体，教师的角色是引导者和支持者。教师应该根据学生的兴趣和需求设计学习任务，帮助学生自主探究和解决问题。

问题驱动是PBL教学法的另一个基本理念。这意味着教师应该通过提出问题来引导学生学习。在PBL教学法中，问题通常是由教师或学生自己提出的，然后通过小组合作和探究来解决。这种方法可以激发学生的兴趣和积极性，提高学生的思考能力和解决问题的能力。

合作学习是PBL教学法的另一个基本理念。这意味着学生应该在小组中相互合作，共同解决问题。在PBL教学法中，学生通常会被分成小组，每个小组都有一个指导教师。小组成员之间应该相互合作，共同探究问题、解决问题。这种方法可以提高学生的团队协作能力，增强学生的交流和沟通能力。

（二）PBL 教学法在大学英语教学中的应用

在英语口语课程中，教师可以设计一些与日常生活密切相关的问题，如如何与外国人交流、如何表达自己的观点等。学生需要在探究问题的过程中运用英语进行思考、表达和交流，从而提高口语表达能力。

例如，在讲解《全新版大学进阶英语——视听说教程》Unit 5 *Buy-ing & Selling* 的时候，教师可在教学环节上设置一个"直播带货"的活动，让学生利用这节课中所学的知识以及单词句型，模拟生活中的真实场景，并且适当地给学生分组，让学生选取一个商品来进行兜售。这个活动的形式在一定程度上符合了 PBL 的真实性原则，无论从这个活动本身或者是在学生的日常生活中都是有真实体验的。所以，学生在学的过程中，不同层次的学生都能在其中对应自己曾经的经历进而产生共鸣。并且，小组讨论更加磨炼了与人交际的能力，符合现实中合作的精神。

在英语阅读课程中，教师可以设计一些与文章内容相关的问题。学生需要在探究问题的过程中，阅读文章并进行分析、归纳和总结，从而提高阅读理解能力。

在英语写作课程中，教师可以设计一些与写作主题相关的问题，如如何展开文章结构、如何表达自己的观点等。学生可以在探究问题的过程中运用英语进行写作，从而提高写作能力。

四、成果导向教育法

成果导向教育（Outcome Based Education，OBE）由美国学者威廉姆·斯帕蒂于1981年率先提出，强调"成果导向、学生中心、持续改进"。

（一）基于 OBE 理念的大学英语视听说教学

下面针对大学英语视听说课程中的 Unit 1 *Nine to five*，就基于 OBE 理念的翻转课堂教学模式具体的运用展开说明。

1. 课前

课前第一步，教师完成课程教学设计，如表 1-2 所示。

表 1-2　听说训练 4 课程教学设计

课次名称		Unit 1 Nine to five		学时	4
一、教材分析		The purpose of this book is to cultivate students'comprehensive English application abilities（listening, speaking, reading, writing, andtranslating）, especially to strengthen their listening and speaking abilities, expand their knowledge base, and improve their cultural literacy			
二、学情分析		All students have finished the learning of previous three books, so most of them have already met requirements for the fourth one			
三、教学目标	知识	Develop the Ss' awareness of involving of talking about their future plans			
	能力	Ask Ss to remember useful words and expressions Strengthen Ss' ability to listen for the specific information			
	素养	Provide Ss with some information about how to get a job and how to be have in a job interview			
四、重难点	重点	Encouraging students to talk about their future plans			
	难点	Remember useful words and expressions			
五、教学媒介		音频、微课视频、课件、教材、参考图书			
六、教学过程			课前	课中	课后
	教师		Assign tasks and distribute Learning materials	Carry out flipped classroom teaching, raise questions, organize discussions and lectures	Send learning materials and assign assignments
	学生		Complete pre-class activity	Participate in flipped classrooms, actively think and answer questions	Strengthen learning and complete assignments
七、教学反思		Pay attention to guiding students to solve problems Independently, control the teaching process, and improve details			

课前第二步，教师制作学习任务清单、成果清单，如表 1-3 所示。

表 1-3 听说训练 4 课前任务及成果清单

班级	1 班	学习小组	Group 1
一、学习指南	预备知识	Know some expressions about the job interview		
	重难点	Try to find out some improper be haviors in the video		
	学习目标	Find out the problem sand correct them		
二、学习任务	教材学习	《视听说教程 4》		
	课件学习	Unit 1 OutsideView		
	视频学习	Unit 1 OutsideView		
三、自测题	Ask students to understand and memorize the following expressions： · To have adifferent agenda · His heart isn't in his job · A gofer · Whose round · A line manager · The job listings · Overqualified/underqualified · A mock interview · To stay on target			
四、学习困惑	Confuse about how to express themselves properly ;Can not apply the new vocabulary and expression proficiently			

课前第三步，教师利用平台推送资源。教师制作或选择课前学习的资源并通过"学习通"App 推送给学生。课前学习任务主要是学生提前观看和熟悉 Outside View 部分的视频，并努力找出视频里出现的问题，并思考对应的改善方法。

教学资源如下：用校园 App 学习《新标准视听说 4》Unit 1 *Outside View* 部分。

课前第四步，教师分析反馈数据信息，查看学生反馈的学习困惑，统计自测题的完成情况，掌握学生对相关知识的学习情况。在自测题中，学生出现语法问题较多，且部分学生没有很好地运用所学的词汇完善自己的表达。因此，教师根据反馈信息开展课堂活动时，要逐一解决学生的问题。

2. 课中

课中教学阶段,教师要逐一完成以下步骤:点评课前学生学习情况、总结学生自学的知识点、提出课程需要解决的问题、组织教学活动、总结评价、答疑解惑。

课中第一步,点评学生课前学习情况,根据平台统计信息,点评学生学习情况。好的学生给予夸奖,不好的学生给予批评及督促。

课中第二步,总结知识点,提出问题,采用引导提问的方式简单总结课前学习的知识点,而后根据学生反馈,提出本节课需要解决的问题。课前导学视频中的女主人公 Samantha 在第一次面试中个人行为存在什么问题？我们应该如何更正这些不恰当的行为举止和回答问题的方式？在未来的面试中我们还需要注意哪些方面的问题？

教学平台的使用：教师登录平台,进入教师工作站,创建课程,在课程中设置课程目标、导入课件、插入习题及音频和图片的链接等,新建班级、添加学生,发布资源给学生。上课时,教师打开桌面鸿合互动教学软件,登录账号,开始上课,展示课件,右侧目录条有批注、上课工具、学生互动、屏幕互动等功能。

课中第三步,组织学生活动,教师将全班学生分组,4～6人为一组,注意分组时做到优差互补。教师指导各组选题分工,并引导提醒,每组推选一名学生利用智慧教室讲解示范。在教师完成理论知识的巩固内化后,随机找2～3组学生完成不同选题的讲解,教师实时指导,其他学生观摩。教师负责引导学生思考、管理学生听课、记录学生表现。

教学平台使用：教师登录平台,学生利用课件资源实施课堂教学。

课中第四步,总结评价及答疑,课中学生提出疑问,教师和其他学生答疑。教师组织学生讨论,然后利用教学平台的"投票""抢答""测试"等功能统计提出的问题。

3. 课后

课后第一步,推送巩固资源和习题,教师利用平台推送学习资料和课后习题供学生拓展提高。

课后第二步,本次课程数据分析,教师通过平台记录及手写记录,分析学生听课、回答问题以及互动的情况。

课后第三步,评价与反思,教师结合数据分析评价教学效果。

（二）基于 OBE 理念的大学英语写作教学模式

1. 基于 OBE 理念的大学英语写作教学模式设计

（1）制定清晰立体的写作产出目标。结合《教育信息化中长期发展规划（2021—2035年）》应用型本科人才培养目标，对实际课程教学目标、学生能力目标和文化素养目标的关系进行梳理，制定针对各阶段、各层次、各单元和各小节的大学英语写作知识预期产出目标，提出四种具体的能力目标，包括知识运用能力、跨文化交际能力、批判性思维能力和自主学习能力，为教师教学提供更具操作性的教学指导，这些目标对应的能力和毕业要求见表 1-4。

表 1-4 课程目标对应的能力和写作要求

	大学英语能力	写作要求
课程目标 1	知识运用能力	掌握必备的写作知识，达到四、六级写作要求
课程目标 2	跨文化交际能力	具备用规范的英语传播中国文化的交际能力
课程目标 3	批判性思维能力	能够判断、分析和解决写作中遇到的实际问题
课程目标 4	自主学习能力	能用所学技能主动实践，持续提升写作能力

（2）设置写作教学内容与形式。在写作教学设计时，充分考虑到 OBE 教学理念的根本是以学生为中心，产出为导向和持续改进，作者将教学设置从传统的以教师为主导的灌输式向 OBE 理念的以学生为中心的导向式转变。在大一下学期时，在日常教学的基础上要求学生进行课堂展示。首先，根据学号将学生分成了四人一组，将历年四级真题的写作作为口语测试的内容分派给每一个小组。随后，为学生发大量相关资料及相关学习网址，引导学生搜集与四级写作题目相关的资料，和小组成员讨论并整理观点，制作 PPT，完成一个 15~20 分钟的 presentation。学生在准备过程中，能够不断学习和改进，逐渐完善相关知识，增强自信心，坚定自己的立场，提高自己归纳整理信息的能力，也可以锻炼自己的小组合作能力和协调沟通能力。在课堂展示中，小组成员依次在讲台汇报展示内容，对四级真题的写作话题进行完整汇报和延伸，教师负责引入话题，引导学生提问和思考，可以提高学生的口头表达能力。在问答总结的过程中，班级其他学生可以提

出疑问，或者对展示内容进行总结，或者用给定的话题表述出自己的写作思路，展示的学生和其他学生进行思想碰撞，对 presentation 进行完善，从而提高学生的学术交流能力和跨文化交际能力。在 OBE 以产出为导向的教学过程中，为确保学生在每一阶段都达到预期标准，将 presentation 分解为几个步骤，每个步骤对应一个或多个能力指标和成果产出，具体过程如表 1-5 所示。

表 1-5 大学英语写作教学步骤、能力指标和成果

步骤	能力指标	产出
商讨方案	搜集和处理信息的能力、英语语言基础能力、自主学习能力、团队合作能力、创新能力	1. 掌握文献检索、资料查询的基本方法 2. 查阅并筛选出相关资料 3. 确定 presentation 的主题和框架
制作修改	信息技术应用能力、沟通能力、英语写作能力、组织管理能力	1. 完成 presentation 的初稿 2. 修改、讨论和完善内容
展示交流	团队合作能力、实际应用能力、跨文化交际能力	1. presentation 的定稿 2. 小组成员轮流展示
总结建议	英语写作能力、逻辑思维能力、归纳整理信息的能力	1. 总结意见 2. 完善存档

如表 1-5 所示，PPT 展示以大学英语水平测试的能力指标为英语写作教学的设计指导，将 presentation 的制作过程分解为四个步骤，并将每个步骤细化成阶段性产出要求，形成学生口语汇报英语写作展示的全过程。大学英语写作教学和每堂课的 presentation 模块构建符合高校本科人才培养要求的 OBE 理念的教学模式，使他们在完成课时后基本能熟练掌握四、六级作文的格式要求，结构框架和黄金句式等，为四、六级考试的英语写作打下坚实的基础。

（3）采用立体化考核方式。为掌握学生对当前授课模式的学习情况，本课程采用综合性考核方法，即通过作文写作、口语成绩、平时作业和反思日志相结合的方式给出最终成绩。综合性评价能更好地让教师阶段性地、有效地监控学生的学习过程，并不断地改进和促进后续的学习。为进一步提高考核方式的系统性、科学性和可操作性，在兼顾教学目标的同时，课程考核形式主要包括以下几种：作文写作，占 50%（课程目标 1）；PPT 展示，占 30%（课程目标 2）；反思日志，占 10%（课程目标 3）；自主学习，占 10%（课程目标 4）。

作文写作由作者在新理念教学平台和 We Learn 教学平台发布的写作任务组成。完成方式分为小组合作和个人单独完成两种形式。根据教学单元设置，作者在平台上布置 5 次写作任务，每一次的任务都是动态试卷，从四级题库里面随机出题，所以每组学生或者每名学生的任务都不相同，系统会自动打分作为辅助给出评价，再由教师局部调整给出实际成绩，并对五次成绩进行比较，取其中最好的两次计入最终成绩。这样的任务形式符合 OBE 教育理念中的持续改进原则，让他们不断完善和改进写作任务，不断挑战自我。PPT 展示也是引导学生以四级写作真题为主题，通过小组合作的形式制作 presentation 并逐一展示，教师起引导、启发和总结的作用。小组成员的表现会影响到团队的最终成绩，学生出于集体荣誉感，会精心准备每一个 presentation。反思日志主要是对课堂内容的总结，对他人展示的评价以及对不足之处的改进建议。学生通过讨论、交流和反思，可以相互学习，认识到自身的不足之处和需要改进的地方。自主学习主要是学生在新理念教学平台和 We Learn 教学平台上学习对应的大一下学期教材和教师推荐的写作教材，每一次的学习进度和测试完成情况系统，都有记录，可以一键导出学习记录，方便教师督促和管理学生的写作学习。

（4）定期教学评价及持续改进。OBE 教学理念下，为实现预期的教学成果，作者根据定期的评价反馈来持续改进教学设置，调整教学重点，从而达到预期产出。教学评价包括形成性评价和终结性评价，其中终结性评价包括期中和期末考试，通过分数的形式记录下来，而形成性评价采用了"师生合作"的评价模式，学生主要通过自我评价、小组互评、学习小结和问卷调查向教师反馈学习情况和对教学的建议。形成性评价和终结性评价相结合可以方便教师掌握学生的学习情况，针对学生需要的、感兴趣的内容进行讲解，激活学生的写作积极性，也可以让教师有更多精力来关注和改进教学手段，提高教学质量。在"师生合作"的形成性评价过程中，教师先让学生按照在线教育平台的评语修改提交的作文，然后四人一组在小组内随机交换手写作文，小组成员对四篇文章就构思、结构、衔接、选词、语言技巧等逐一评价，并以书面形式记录下来。在此基础上，教师根据作文批阅情况和小组讨论的记录在课堂上集中点评，提出闪光点和不足之处，展示和传阅学生的优秀作文，精讲优秀句子，并要求学生写学习小结，帮助学生理清写作思路，找到写作方法，针对性地提高学生的英语写作能力。自我评价、小组互评、学习小结和问卷调查等形成性评价方式结合期中、期末考试的终结性评价，能够让教师准确掌握学生的学习进度和学习情况，持续改进教学方法，实现对英语写作课程教学质量的控制。

2. 教学效果反思

OBE 教学理念为大学英语写作课程的设计与实施提供了全新的逆向思维视角，让学生能够提前了解预期的学习效果，在教师的帮助下，让不同基础的学生，通过持续努力，在不同时间达到相同的教学目标。大学英语写作教学的重要目标是提高学生的知识运用能力、跨文化能力、批判性思维能力和自主学习能力，帮助学生顺利完成四、六级写作任务，更好地运用英语服务于未来的工作和生活，这些教学目标与 OBE 产出为导向的理念相结合，作者创新写作教学内容与形式，采用综合性考核方法，持续改进教学设置，调整教学重点，定期教学评价，从而达到预期目的。需要注意的是，OBE 教育理念指导下的大学英语写作虽然强调以学生为中心，但并不意味着教师要把所有的课堂教学活动都交给学生，而放弃对知识点的解释。那样的做法只是流于形式，学生不能系统、完整地掌握写作知识。在大学英语写作教学实践中，教师要巧妙设计，讲练结合：对于逻辑性强、归纳性强的专业知识，合理讲解；对于浅显易懂的基础知识，鼓励学生从教科书和课外资料中习得。教师要运用先进的"互联网+"资源和学习平台，合理安排教学内容，融趣味性和知识性为一体，使教学内容符合学生的认知水平，提升大学英语写作教学的水平。

第五节 英语教学创新的理念

在教育领域，创新始终是推动进步的不竭动力。随着全球化进程的加快，英语教学作为连接世界的重要桥梁，亟需注入新的活力和理念。本节将探讨英语教学创新的理念，旨在激发教育工作者和学生共同探索更有效的英语教学方法，以适应不断变化的社会需求。

一、以学生为中心

"以学生为中心"的教育理念已经具备一定的框架结构，其系统具有开放性和发展性，这一教育理念主要强调以下要素。

（一）树立自尊自强的信心

帮助学生树立自尊自强的信心，重新评估自己的能力，是促进学生人格健康发展和潜能充分挖掘的第一步，也是至关重要的一步。在升学压力下，学校评价学生的标准主要是学科成绩，忽视了学生健全的人格培养。一方面，学生成了"考试的机器"，造成"高分低能"甚至"高分低德"的现象，难以适应新时代市场经济的需要；另一方面，学生在经受了考试失败的挫折后，身心疲惫，后劲不足，对前途产生了悲观失望的想法，也失去了对未来判断和选择的能力，不知道自己要干什么、能干什么。把尊重每名学生作为生命整体的发展需要放在首要位置，重视对他们的全面教育，促进他们认知能力、身体、道德和精神力量的全面发展，强调以行为而不是以结果来评价学生，转变那种"只有上大学、当专家才是人才"的狭隘人才观，技能型人才也是社会亟需的重要人才。

（二）重视学生的学习与思考

重视培养学生的学习和思考能力，为终身发展夯实基础。瞬息万变的信息时代、知识经济时代，在学校教育中获得的知识已不能满足人们的生存需要，人们已经步入了一个终身学习的时代。在这个时代里，人们不仅需要不断学习，还要学会学习、善于学习。随着社会的发展和科技水平的进步，未来的文盲不再是不识字的人，而是不会学习的人。

素质教育的理念就是要求教师不仅要对学生进行知识的传授和能力的训练，还要对他们进行思维方式的训练，让学生学会学习、学会思考，为自己的终身发展奠定坚实、丰厚的基础。长期的"应试教育"

可能导致学生习惯接受现成的思维模式，缺乏主动学习的探索精神，特别是当学生未达到家长和教师要求的分数时，他们就会感到沮丧和失败，继而对学习感到厌倦。学生由于考试成绩不理想，心理上会感到失落、无助，继而对学习不感兴趣，甚至惧怕学习。他们把失败的原因归结于自己的能力不足，天赋不够，这就要求教师把培养学生的学习兴趣、增强学生的自我学习意识放在教育工作的首位。教师要承认孩子在求知的过程中属于不成熟的个体，应以学生为主体，构建一个充满阳光的课堂。教师在课堂上要少一些偏见与挖苦，多一些尊重与赞许，由单向知识传授转为双向情感交流，由一味指责转为想方设法让学生品尝成功的快乐，使各个层次的学生都能获得心理上的满足，从而使他们更加积极向上。

（三）选择适合学生的教育方式

在学生质量管理的过程中，可以采用问卷形式调查、收集对学生教学效果的反馈，从而全面了解学生的学习需求和状况，并根据这些反馈持续调整教学计划。在办学机制上要灵活多样，以高校为例，在学生修完大一所规定的全部课程以后，学校可以根据学生的意愿分别设置就业班、升学班、第二专业班以及各种短训班等，让就业者有路可走，升学者有门可入，成人继续教育有平台可参与。在教学中，根据学生的文化基础差距较大这一实际情况，教师可以分层次进行教学。完全学分制的动态管理体系和灵活的课程结构能够锻炼学生的自主能力。学校可以增加限选和任选课程，学生可以自行选择学习内容，发挥自己的长处，弥补自己的不足，以适应学生的个性发展和职业方向。学生通过分组讲座这种教学组织形式，可以先思考并进行激烈讨论最终得出结论。高校要精心处理教学组织形式的细节，努力营造轻松愉快的学习氛围。可以采用不断变换学习场所、交换座位等方式，使学生在新鲜感带来的探求欲里开始一天的学习。

二、注重发展性

在这个日新月异的时代，教育的发展与社会的进步息息相关。作为教育体系中不可或缺的一部分，英语教学同样需要与时俱进，遵循发展性原则，以适应不断变化的社会需求。发展性原则强调课程设置的层次性、课程内容的更新、教学方法的创新等方面，旨在培养学生的实际应用能力、创新能力和跨文化交际能力，以适应未来社会的发展。

在英语教学创新中应遵循发展性理念，可以从以下几个方面着手：

（一）设计层次性课程

根据学生的学习水平和需求，设置不同层次的英语课程，如基础英语、进阶英语、专业英语等，以满足学生的个性化需求。针对不同层次的课程，设定具体的学习目标。例如，基础英语课程的目标是培养学生基本的英语听、说、读、写能力；进阶英语课程的目标是提高学生的英语应用能力和跨文化交际能力；专业英语课程的目标是培养学生英语学术研究能力和国际交流能力。要根据课程目标，选择适合不同层次学生的教学内容。例如，基础英语课程可侧重于英语语法、词汇等基础知识；进阶英语课程可关注实际场景中的英语应用，如商务英语、职场英语等；专业英语课程可涉及英语文学、学术论文写作等方面的内容。

（二）更新课程内容

及时更新课程内容，与社会发展和学生需求相适应。随着科技的快速发展，英语课程内容应不断更新，引入新的知识点和技术，如人工智能、大数据等，使学生能够适应未来社会的需求。将社会热点问题引入英语课程，如环境保护、文化交流等，让学生在学习英语的同时，了解社会发展趋势和国际热点问题。应关注学生未来就业需求，增加实用性较强的英语课程内容，如商务英语、职场英语等，提高学生的实际应用能力。

（三）创新教学方法

积极尝试新的教学方法，以提高教学效果和学生的学习兴趣。具体可以从以下几个方面着手：

（1）翻转课堂：利用网络资源，让学生在课前预习教学内容，课堂上重点解决疑难问题、进行实践操作和讨论，提高学生的学习参与度。

（2）混合式教学：结合线上和线下教学，利用网络资源进行自主学习，结合传统课堂教学，发挥二者优势，提高教学效果。

（3）创设实际场景：通过模拟实际场景，如商务谈判、旅游交流等，让学生在实践中提高英语应用能力，增强学习的趣味性。

（4）互动式教学：采用小组讨论、角色扮演等互动式教学方法，激发学生的学习兴趣和积极性，提高学生的沟通能力和合作能力。

（5）利用现代教育技术：利用多媒体、网络等现代教育技术手段，为学生提供丰富的学习资源，如在线课程、学习平台等，拓宽学生的学习渠道。

（6）项目式学习：通过实施英语学习项目，如编写英语短剧、制作英语视频等，让学生在实践中学习英语知识，提高实际应用能力。

三、注重综合性

综合性理念要求教师在英语教学中，不仅要关注学生的语言能力培养，还要注重其综合素质的提高，以适应未来社会发展的需求。

英语教学创新中应遵循综合性理念，需要从以下方面着手：

（一）培养多元能力

在英语教学过程中，不仅要注重提高学生的英语听、说、读、写、译等基本技能，还要关注学生的跨文化交际能力、创新能力、批判性思维能力等多元能力的培养。

（1）基本技能培养：要确保学生掌握英语听、说、读、写、译等基本技能。通过课堂讲解、练习、测试等方式，让学生扎实地掌握英语基础知识。

（2）跨文化交际能力：在英语教学过程中，引导学生了解英语国家的文化、历史、社会等方面的知识，培养其跨文化交际意识和能力。可以通过观看英语电影、阅读英语文学作品、参加国际交流活动等方式实现。

(3)创新能力：在英语教学中设置创新性任务和问题，鼓励学生提出质疑和创新观点，培养其创新能力。例如，让学生设计英语学习项目、编写英语短剧等。

(4)批判性思维能力：引导学生在英语学习过程中，学会独立思考、分析问题、解决问题，培养其批判性思维能力。可以通过小组讨论、案例分析等方式实现。

(5)团队协作能力：在英语教学中，组织小组活动、角色扮演等互动式教学，让学生在合作中学习，提高其团队协作能力。

(6)自主学习能力：引导学生学会利用网络资源、图书馆等渠道，进行自主学习，培养其自主学习能力。可以通过布置课后任务、指导学生进行研究性学习等方式实现。

(7)信息处理能力：在英语教学中，让学生学会利用现代信息技术，如搜索引擎、在线翻译工具等，提高其信息收集、处理和应用能力。

(二)多元化评价

实现英语教学中的多元化评价，需要关注以下几个方面：

(1)评价方式多样化：采用多种评价方式，如课堂表现、作业、口语表达、听力理解、阅读理解、写作能力等，综合评价学生的学习效果和实际能力。

(2)过程性评价与终结性评价相结合：既要关注学生的学习过程，进行过程性评价，如课堂表现、平时作业等，也要关注学生的学习成果，进行终结性评价，如期末考试、论文等。

(3)自我评价与他人评价相结合：鼓励学生进行自我评价，反思自己的学习过程和成果，同时也要重视他人评价，如教师评价、同伴评价等，以获得更全面的反馈。

(4)定性评价与定量评价相结合：在评价过程中，既要关注学生的定性评价，如学习态度、参与度、创新能力等，也要关注定量评价，如分数、排名等，以获得更准确的评价结果。

(5)重视形成性评价：通过形成性评价，及时了解学生的学习进度和问题，为教学方法的调整提供依据，帮助学生及时调整学习策略，提高学习效果。

(6)反馈与改进：及时将评价结果反馈给学生和家长，帮助学生了解自己的优点和不足，制订改进计划。同时，教师也要根据评价结果调整教学方法和策略，提高教学质量。

通过以上举措，在英语教学中实现多元化评价，有助于全面了解学生的学习情况，激发学生的学习潜能，提高英语教学效果。英语教育工作者应不断探索创新评价方法，为学生的全面发展提供有力支持。

四、以就业为导向

在这个瞬息万变的时代，教育的目标已不再仅仅局限于传授知识，而是要为学生的职业生涯做好充分准备。作为教育的重要组成部分，英语教学同样需要与时俱进，遵循以就业为导向的原则。下面将探讨英语教学创新中如何践行以就业为导向，以满足社会和行业的实际需求，提高学生的就业竞争力。

（一）了解就业市场需求

了解社会各行各业对英语人才的需求，特别是学生所学专业相关领域的就业市场情况，以便为学生提供符合实际需求的英语教学。

（二）培养实际应用能力

在英语教学过程中，注重培养学生的实际应用能力，如商务英语、科技英语、旅游英语等，使其能够在未来职业生涯中胜任相关工作。

（三）实践性教学

通过模拟实际场景、项目实践等方式，让学生在实践中学习英语知识，提高实际应用能力，为未来职业生涯做好准备。

（四）职业素养培养

结合学生的专业特点和未来就业需求，在英语教学中渗透职业素养培养，如商务礼仪、沟通技巧、团队协作等，提高学生的综合素质。

（五）实习与就业指导

与企业、行业合作，为学生提供实习机会，帮助学生了解实际工作环境，提高就业竞争力。同时，提供就业指导服务，帮助学生制定职业规划，顺利实现就业。

第二章

英语教学内容的建构与创新

  英语教学内容的建构与创新是提高教学质量和培养创新型人才的关键。英语教学内容的建构应注重学生需求的满足和教学内容的实用性和前瞻性,而英语教学内容的创新应注重培养学生的自主学习能力、跨文化交际能力等。英语教学内容的建构与创新的策略应注重教学内容的整合、教学方法的改革、教学评价的改革和教学资源的利用等方面。

第一节　英语词汇与语法教学革新

在英语教学中，词汇和语法的学习是构建语言体系的基石。它们为学生提供了表达思想、沟通交流的基础工具。然而，传统的英语词汇与语法教学方法已难以满足现代社会的需求，本节将探讨大学英语词汇与语法教学创新的途径。

一、大学英语词汇与语法知识

（一）英语词汇知识

在大学英语教学中，词汇教学是不可或缺的一部分。词汇作为语言的基本单位，是学生英语听、说、读、写、译能力的基础。因此，大学英语教师应重视词汇教学，精心设计教学内容，提高学生的词汇量和词汇应用能力。

英语作为第二语言的学习者，通常是为了运用英语进行交流。研究表明，尽快掌握2000~3000个最频繁的单词对于语言学习者用英语进行口头和书面交流至关重要。根据《中国英语能力等级量表》，中国英语学习者和使用者的英语能力包括语言理解能力、语言表达能力、语用能力、语言知识、翻译能力和语言使用策略等，其中语言知识包括组构知识和语用知识。组构知识中的语法知识则包括语音系统和书写形式知识、词汇知识和句法知识。可见，词汇知识是测量中国英语学习者和使用者的英语能力的不可或缺的基本要素。

1. 基础词汇

基础词汇通常是指在日常生活中频繁出现、使用频率较高的词汇。

这些词汇是学生英语学习的基础，是进一步学习和掌握英语知识的关键。教师应通过各种教学方法和手段，帮助学生掌握基础词汇，如采用词根词缀法、联想记忆法等，提高学生的学习兴趣和效果。

2. 专业词汇

随着学科的发展和专业领域的拓展，专业词汇在英语学习中的地位日益凸显。教师应根据学生的专业特点，有针对性地教授相关领域的专业词汇，如医学、法律、科技等领域的专业术语。这有助于学生更好地理解专业知识，提高专业素养。

3. 词汇应用能力的培养

教师应引导学生掌握词汇的用法、搭配、语境等，使学生能够在实际语境中灵活运用所学词汇。为此，教师可以设计各种词汇应用练习，如填空、改错、翻译等，让学生在实践中提高词汇应用能力。

教师应引导学生掌握有效的词汇学习策略，如分类记忆法、循环记忆法、语义群记忆法等，提高学生自主学习的能力。此外，教师还应帮助学生养成良好的词汇学习习惯，如定期复习、总结归纳等，使学生能够在学习过程中不断调整和优化自己的学习方法。

（二）英语语法知识

在大学英语教学中，语法教学是不可或缺的一部分。大学英语教师应重视语法教学，精心设计教学内容，提高学生的语法能力和语言表达能力。

1. 基本语法规则

基本语法包括时态、语态、语气、名词、代词、形容词、副词、动词、介词等。这些语法知识是学生英语学习的基础，是进一步学习和掌握英语知识的关键。教师应通过各种教学方法和手段，帮助学生掌握基本语法规则，如采用实例分析、对比分析、归纳总结等方法，提高学生的学习兴趣和效果。

2. 复杂语法结构

复杂语法结构通常指在英语中较为复杂、学生易犯错误的语法现象，如虚拟语气、倒装结构、强调结构、从句结构等。教师应根据学生的实际水平和学习特点，有针对性地教授相关语法结构，帮助学生理解其语义、语用和句法功能，提高学生的语言表达能力。

3. 语法应用能力的培养

教师应引导学生掌握语法在实际语境中的应用，使学生能够在阅读、写作、口语等活动中正确运用所学的语法知识。为此，教师可以设计各种语法应用练习，如填空、改错、翻译、写作等，让学生在实践中提高语法应用能力。

二、大学英语词汇与语法教学存在的问题

（一）大学英语词汇教学存在的问题

当前大学英语词汇教学存在诸多问题，需要我们共同努力，采取有效措施，提高英语词汇教学的质量。传统的大学英语词汇教学目标导向不清晰，教学方法单一，学生学习方法固化，词汇教材无法满足学生的个性化需要。

目前，大学英语词汇教学没有完整的系统，大学英语教学的主要目标是帮助学生通过大学英语四、六级考试，教师在课上所教词汇大部分选自大学英语四、六级考试的高频词汇。教师在教学过程中更注重培养学生的语言技能，而忽视了词汇的教学，没有关注学生词汇掌握的质量和水平。大学英语词汇教学很少体现出词汇的认知性、多义性特点以及意义的社会性、语境性要求。

大学英语词汇教学方法单一。大学英语教师在讲解单词时通常采用两种方式：一种方式是教师讲解每个单元的单词表中的单词，主要讲解教材上标注的单词读音、词义、例句；另外一种方式是教师讲解文章中出现的生词，只对生词意思进行简单解释。除此之外，很少有其他形式的词汇教学模式。教师讲解词汇的时间只占很小一部分课堂

时间，教师将大部分时间用于讲解课文内容和文章中的长难句语法以及分析课文结构。

学生学习英语词汇的动机不强，大部分学生学习英语词汇的目的是通过大学英语四、六级考试，学生的学习方法相对固化。大部分学生学习词汇的主要方法是反复死记硬背课文或者词汇书上的单词，仅仅背诵了单词的词义，没有关注单词的用法。采用死记硬背法记忆单词会导致学生英语单词遗忘率较高，缺失单词的语用知识，学生不能顺利完成语言输出。

（二）大学英语语法教学存在的问题

在大学英语教学中，语法教学是不可或缺的一部分。然而，在实际教学过程中，语法教学仍存在一些问题，如教学内容枯燥、教学方法单一、学生参与度低等。这些问题既影响了学生语法学习的效果，也制约了英语教学质量的提高。

许多高校的语法教学内容枯燥乏味。传统的语法教学往往侧重于抽象的语法规则，忽视了语法的实际应用和语境。这种枯燥的教学内容使学生难以产生学习兴趣，难以将所学语法知识应用于实际语境。

大学英语语法教学方法单一，缺乏创新。传统的语法教学方法往往依赖于讲解、记忆、练习等手段，这些方法过于机械，难以激发学生的学习兴趣。在当今信息化时代，教师应积极尝试新的教学方法，如利用多媒体技术、网络资源等，丰富语法教学手段，提高教学效果。

此外，大学英语语法教学还存在学生参与度低的问题。在传统的语法教学模式下，学生往往处于被动地位，缺乏主动参与和实践的机会。在这种情况下，学生的学习效果往往不佳。因此，教师应尝试采用互动式、探究式等教学方法，激发学生的学习兴趣，提高学生在语法教学中的参与度。

三、大学英语词汇与语法教学创新

（一）大学英语词汇教学创新

大学英语词汇教学需要创新教学方法，以提高学生的学习兴趣和英语应用能力。

1. 采用多种教学方法

传统的单词记忆方法，如反复默写、听写等，虽然能够帮助学生记忆单词，但是这种方法容易让学生感到枯燥和无趣。因此，可以采用多种教学方法，如词汇游戏、情景对话、词汇听写等来提高学生的学习兴趣。此外，还可以利用互联网和移动设备，为学生提供更多的学习资源和工具，如在线词汇学习平台、英语词汇 App 等，以帮助学生更好地学习和掌握英语单词。

2. 注重学生的个性化学习

每名学生的学习习惯和方式都不同，因此需要根据学生的不同特点，制订个性化的教学计划和方法。例如，对于学习习惯不好的学生，可以采用强制性学习方法，如规定每天背诵一定数量的单词，并检查学生的背诵情况；对于学习习惯好的学生，可以采用激励性学习方法，如设置奖励机制，如每背诵一定数量的单词，就可以获得一定的奖励。

3. 注重学生的实践应用能力

学习英语单词的最终目的是能够应用到实际生活中。因此，教师需要为学生提供更多的实践机会，如组织英语口语比赛、英语写作比赛等，以帮助学生提高英语应用能力。此外，还可以组织英语学习小组，让学生之间互相帮助、互相交流学习经验，以提高学生的学习效果和语言表达能力。

4. 结合学生兴趣开展英语词汇教学

教师通过了解学生的兴趣爱好，结合兴趣设计教学内容，创设兴趣情境，分组合作与交流，可以有效地开展英语词汇教学，激发学生的学习兴趣，提高学习效果。

教师通过问卷调查、访谈等方式，了解学生的兴趣爱好，如音乐、电影、运动、旅游等，从而为英语词汇教学提供针对性和方向。根据学生的兴趣爱好设计教学内容，将与兴趣相关的词汇融入教学中，创设真实有趣的学习情境。例如，组织学生观看英文电影、听英文歌曲，让学生在实际语境中学习和应用词汇。教师及时纠正学生不准确的发音，在学生遗忘有关语句的时候，教师可以结合电影情节指导学生回忆相关知识，达到准确记忆的目的。

根据学生的兴趣爱好进行分组，每组学生负责搜集和整理与兴趣相关的词汇，然后在课堂上进行分享和交流，这有助于提高学生的参与度和学习效果。

5. 在英语写作环节引入词汇教学

英语教师可以为学生布置不同的作文写作任务，促使学生通过多种作文写作形式，提升自身选词、用词能力，并使学生在词汇运用中更加深刻地理解与记忆相关英语词汇，对英语词汇知识实现写作迁移与输出。

例如，在大学英语写作教学中，教师要求学生以自身学习英语的经历为主题来写作，自行拟题并思考英语作文如何写作。教师可以针对当次写作话题，讲解与之相关的词汇，让学生在写作过程中学习和运用 in addition, subject, review 等词语，有助于学生进行研究性学习，以此逐步提升学生英语写作能力和自主学习能力，并在作文写作中积累更多词汇量，对有关词汇实现深刻理解与记忆，全面提升英语词汇积累量和写作水平。

教师可以分析学生的写作样本，找出他们在词汇表达上的不足，有针对性地进行词汇教学。鼓励学生在写作过程中使用新学的词汇，通过实际运用加深对词汇的理解和记忆。通过修改和评阅学生的作文，帮助他们纠正词汇运用上的错误，提高词汇运用能力。教师可以指出学生在作文中词汇使用的不当之处，并提供正确的表达方式。

通过以上方法，在英语写作环节引入词汇教学，有助于提高学生的词汇运用能力和写作水平。教师应关注词汇和写作教学的结合，将词汇教学融入写作教学中，以提高英语教学的整体效果。

6. 结合生活内容开展英语词汇教学

大学英语教师通过传统教学方式进行词汇教学，学生不免会感觉枯燥、乏味，为了提升大学生英语学习兴趣和积极性，教师在选择英语词汇教学内容时，可以关注学生日常生活中的场景和话题，如家庭、学校、朋友、购物、旅游等，这有助于学生将所学词汇与实际生活相联系，提高他们的学习兴趣和效果。

在教学过程中，教师可以创设真实的生活情境，让学生在模拟的语境中学习和运用词汇。例如，通过角色扮演、小组讨论等活动形式，让学生在实际生活场景中使用英语词汇。教师还可以利用学生日常生活中发生的事情进行词汇教学。例如，让学生描述自己家庭成员的职业、兴趣爱好等，引导他们运用所学词汇进行表达。

教师设计与生活实际相联系的任务型教学活动，如编写购物清单、制订旅行计划、撰写个人简历等。学生在完成任务的过程中，既能巩固所学词汇，又能提高实际生活中的英语应用能力。

此外，教师还应关注当前的社会热点和流行趋势，将相关词汇融入英语教学中。例如，讨论环保、科技发展、文化交流等话题，可以让学生了解和学习与时代发展相适应的英语词汇。

7. 通过联想记忆法开展词汇教学

利用联想记忆法开展大学英语词汇教学具有以下优势：

（1）提高记忆效果：联想记忆法有助于学生将词汇与已知信息建立联系，从而提高记忆效果。通过将新学词汇与已熟悉的词汇、实际场景或个人经历进行联想，学生更容易记住新词汇。

（2）提高词汇应用能力：联想记忆法有助于学生更好地理解词汇的含义和用法。将词汇放入实际语境中学习，可以帮助学生掌握词汇在实际交际中的运用。

（3）提高学习效率：通过联想记忆法，学生可以在较短的时间内掌握更多的词汇。这种方法有助于提高学生的学习效率，减轻他们的学习负担。

具体而言，教师可引导学生通过以下方式展开联想记忆学习词汇：

（1）词根词缀法：教授常见的词根、词缀及其含义，让学生通过分析词汇结构进行联想记忆。例如，学习词根 bio-（生命）和词缀 -logy

（学科），联想到词汇 biology（生物学）。

（2）字母组合分析：引导学生分析词汇的字母组合和拼写特点，找出其内在的逻辑和规律。例如，让学生注意词汇中常见的字母组合，如 -tion，-sion，并理解其在词汇中的意义和作用。

（3）比较字母差异：将相似的词汇进行对比，让学生关注字母的差异及其对词义的影响。

（4）创意联想：鼓励学生运用想象力，将词汇的形状与生活中的实际场景、个人经历等进行创意联想。例如，让学生将 book 这个词与书的形状进行联想，以提高记忆效果。

（5）词汇游戏：设计有趣的词汇游戏，让学生在轻松愉快的氛围中学习和记忆词汇。例如，玩"单词接龙""词汇猜谜"等游戏，激发学生的学习兴趣。

8.通过惯例化语言开展词汇教学

惯例化语言指的是含义和形式一体化的语言，这种语言形式非常容易被存储和记忆，为了有效提升大学英语词汇教学水平，可以结合惯例化语言开展词汇教学。英语交际中对此类语言应用比较多，非常容易被提取，不需要使用英语语法规则，就能够完成英语口语交际和表达，将差异化惯例化语言应用在不同语境中，能够更具体、细化地开展词汇教学，对促进英语词汇教学顺利开展具有重要作用。在英语词汇教学中，教师要加强锻炼学生对惯例化英语语言的敏感度，促使学生建立优良的英语思维逻辑习惯和能力。比如，对学生进行"If you/they/he/she/I..., you/they/he/she/I would..."知识讲解过程中，可针对性地拓展目标句，训练学生发散性思维，以拓展为例，"If you're not busy, you would help lily."用此类惯例化语言作为模块，对学生进行词汇教学，帮助学生提升英语运用能力，使其英语口语表达更加准确、流畅，并逐步增强学生英语词汇学习兴趣和信心，主动积极地投入英语词汇学习中，从而逐步提升英语词汇教学质量。

（二）大学英语语法教学创新

1. 设计教学游戏，激发学习兴趣

在英语语法教学活动中，设计教学游戏是激发学生学习兴趣、培养学生学科爱好、集中学生注意力的有效策略之一。兴趣是最好的老师，在教学过程中，教师应以兴趣培养为主，在学生情绪饱满的状态下渗透语法知识。

设计教学游戏可以从课前情境导入、课堂巩固记忆和课后开放式游戏三方面入手。教师可以在讲课前根据课堂教学内容情境创设简单易操作的小游戏，如趣味问答、谜语等，既不占用大量时间，又能快速将话题引入学习内容中。教师可以在课堂上插入知识巩固类游戏，在讲解过相关学习内容后进入游戏环节，利用游戏规则让学生集中精神聆听他人重复本课句式、语法词汇或自己反复朗读。学生通过游戏重复强调本课重点内容，可以形成牢固的记忆点。在游戏情境中，学生的情绪较为积极，记忆速度、学习效率均有所提升。就课后开放式游戏来说，教师可以将课堂上的游戏延续到课下，请学生稍微改变游戏规则，不限制游戏人数，让学生在课余时间积极参与英语游戏，在游戏中巩固知识。

2. 利用信息技术，深化知识理解

在英语语法教学活动中，利用信息技术辅助课堂，是深化学生对知识的理解、丰富课堂体验的有效策略之一。利用信息技术深化知识理解，可以从制作微课视频、播放精美课件、图片创设情境、音乐营造氛围等方面入手。

就制作微课视频来说，教师可以在课前准备微课视频，利用视频简洁凝练的语言搭配和谐的动画，深化学生对单一知识点的理解，达到辅助课堂教学、深化学生学习体会的教育目的。就播放精美课件来说，教师可以利用课件的讲解进度推进课堂进程、把握教学环节。就图片创设情境来说，教师可以在讲解的同时在屏幕上播放相关插图，辅助学生理解。就音乐营造氛围来说，教师可以寻找与课堂内容相关的乐曲或背景音乐，带领学生进行音乐歌唱活动。

第二节　英语听说教学革新

在英语教学中，听说能力的培养至关重要。它为学生提供了与他人沟通交流的桥梁，是掌握英语这门语言的基础。然而，传统的英语听说教学方法已难以满足现代社会的需求。因此，本节将探讨英语听说教学革新的途径，为英语教育工作者开展英语听说教学工作提供参考。

一、大学英语听说知识

（一）英语听力知识

根据三种记忆的阶段，听的心理机制可以归纳为三点。

在第一阶段，声音通过人的感觉器官进行感觉记忆，并根据自身已有的知识，将这些信息转向有意义的单位。在感知记忆中，信息存储的时间非常短，听者需要把握时间对这些信息加以整理。人们在听母语的时候，这种感知记忆是非常容易实现的，但是如果听的是英语，那么就会出现一系列问题，甚至很多时候人们还没处理完信息，新的信息又进入了，导致自身没听懂。

在第二阶段，信息处理在短时记忆中实现，这一过程也是非常短暂的。在短时记忆阶段，听者将听到的信息与自身在长时记忆中的存储信息进行对比，将记忆中的信息充分展开，从而构筑新的命题。听者需要对语流加以切分，切分的目的在于获取意义，当获取了意义之后，听者就会忘却具体的词汇、语句。显然，在这一阶段，处理的速度是非常关键的。已有的信息必须在新的信息进入之前就处理完成，这很容易使学习者的脑容量超载，甚至很多时候无法从信息中获取意义。随着学习者听力水平的增加，他们具备了一定的知识储备，那么对信息的处理能力也会加速，从而能够留出多余的时间处理那些较困难的信息。

在第三阶段，听者会将所获取的意义转向长时记忆中进行存储，并与自身的信息紧密联系起来，从而对命题的意义进行确立。如果新输入的信息与自身的已知信息能够匹配，那么就说明这些新信息容易理解。在形成的命题与长时记忆中的固有信息紧密联系的时候，大脑往往会通过积极思维展开分析与归纳，从而使这些信息连贯起来，构筑新的意义，最后储存在自身的长时记忆中。

学生在听力技能训练中也会存在一些问题，具体分析如下：

第一，学生基本语音知识欠缺。语音知识是听力的基础，大多数学生无法掌握48个音标的准确发音，对音节强、弱、连续、漏读及不完全爆破这些常识了解甚少，也无法真正了解英式英语与美式英语在发音、语调、重音、弱读甚至节奏上的区别。

第二，学生词汇量有限、跨文化常识欠缺。缺乏词汇量和跨文化意识是限制听力理解的要素之一。学生受限于词汇量和东西方文化差异，对英语为母语的国家的历史、民族、地理、人文风俗、生活方式和思维方式以及相应的文化背景知识缺乏认知和理解，这成了听力过程中的拦路虎。

第三，学生综合性学习技能欠缺。听、说、读、写、译技巧的综合运用可以对听力水平的发展起到关键作用。听力文本基本是完整的话语，有一定的主题和体裁信息，可以作为学生进行口头和书面表达的很好的例子。简单地把"听录音、对答、读和解释"作为听力课的主要教学模式，容易使学生无形中认为听力水平的提高与其他三项技能无关。在完成听力题目后，学生往往认为已经完成任务，而忽略了语言练习，无法最大效率地利用听力练习，全面促进英语学习。

第四，母语对学生听力欠缺的积极的影响。学生容易混淆英语音标和汉语拼音的发音，并且习惯于将语音材料翻译成中文来理解意思并完成题目，这对听力水平的提高非常不利。这样很难将语音信息转化为要获得的有用信息，导致听力过程中的反应速度降低，影响听力效果。

第五，大学生欠缺良好的心理素质。由于学生产生了对听力的恐惧和焦虑，他们在听力的过程中处于高度紧张的状态，这大大影响了他们对听力内容的理解，造成听力效果降低。也有一些学生太过于追求高成绩，考试压力比较大，在听前五个问题时由于压力而未能跟上，使他们觉得表现不好，后面的问题基本上就会放弃。从长远来看，这类学生因缺乏良好的心理素质而害怕听力，产生恐惧的情绪，不利于提高自身的听力水平。

第六，教师欠缺高水平的语言综合运用能力。目前，许多学校英语教师的教学实力并不强。大多数英语教师也很少有机会与以英语为母语的人交流，所以他们的语言表达并不真实。因此，他们不能完美地发挥课堂交际活动的组织者和向导的作用，也不能为学生提供合适的口语练习语料和创造良好的口头交流情境。一些英语教师发音不准确，口语表达存在问题，都直接制约了学生英语听说能力水平的提高。

（二）英语口语知识

口语教学的目的之一就是提高学生的口语能力，而对于口语能力这一概念的界定，不同学者对其描述也有所不同。巴赫曼和帕尔默（Bachman & Palmer, 1996）认为，口语能力是由很多不同的能力构成的，其中包括语言运用能力、话语组织能力、表达的得体性、交际策略运用等，而语言能力和交际语境则被他们视作两个不同的独立成分。语言学家威尔和比特儿（Weir 和 Bygate）认为口语能力包括微语言技能（micro-linguistic skills）、常规技能（routine skills）和应变技能（improvisation skills）三个层次。

二、大学英语听说教学存在的问题

（一）大学英语听力教学存在的问题

在英语课程的学习与实践过程中，受传统教学方式的影响，学生会过度关注应试能力的培养，整体英语听力能力相对较差。整体听力课堂教学活动看似完整，实则学生缺乏主动学习的兴趣，整体课程教学质量相对较低。更重要的是，在这种传统的教学方式下，很难从本质上提高学生英语听说的能力。对于学生学习而言，听说能力的提高与发展是一个循序渐进的语言积累的过程，除了要关注基础知识的积累和应用之外更要把握整个思维的过程，对学生学习能力和教师教学方法都有一定的要求。就当前大学英语听力教学而言，仍旧存在许多问题，在一定程度上影响着学生听力学习质量的提高。具体而言，当前大学英语听力教学存在的问题主要体现在以下几个方面：

1. 课程设置不合理

教师在开展英语课堂教学活动时，应当根据学生实际学情对教材进行重组和优化设计，灵活设计课堂教学内容和教学资源。之所以这样做，是因为充分考虑到了学生实际学习的个体差异性，确保每名学生在学习的过程中都可以得到有效的锻炼和提升。然而，在大学英语教学过程中，教学现状却并不乐观，整体英语教学工作仍旧以学生读写能力的培养为主，对听力教学缺乏有效的规划和设计。现有的听力教学内容只是围绕课程既定的内容而设定的，缺乏从学生实际学习需求出发进行的科学设计，这一教学现状在很大程度上影响着学生英语听力能力的培养和发展。

2. 学生听力能力与水平差异过大

在大学英语听力教学过程中，由于每名学生的英语学习基础以及学习条件存在差异，因此学生听力水平的差异也是非常大的。对于那些从小缺乏系统听力训练的学生而言，在步入大学后面对专业而系统的英语听力教学活动，很难在短时间内适应。学生在学习时听不懂英语听力的内容，就会产生消极的学习心理，难以集中注意力，进而逐步陷入恶性的学习循环中难以自拔。教师在进行教学时，如果对学生的学习状态缺乏有效的关注和重视，势必会影响学生对英语听力的学习兴趣，最终造成学生学习差距逐步加大，影响整体英语听力教学质量。

3. 听力教学理念相对滞后

大学英语教师群体的整体年龄相对较大，许多教师在日常教学过程中仍旧采用传统的教学方式。面对现代化的教学方式以及教育理念，教师难以在短时间内进行有效的转变和应用。以多媒体教学为例，许多教师并不愿意花费较多的时间与精力去学习相关的专业技术。这种教学情况的存在使英语听力教学难以发挥出多媒体的教学优势，影响课程的教学质量。

（二）大学英语口语教学存在的问题

在大学英语口语教学领域，面临着一系列亟待解决的问题：

1. 英语口语教学模式陈旧

当前，部分大学的英语口语教学模式缺乏创新，导致整个英语口语教学课堂死气沉沉，难以调动起学生练习口语的积极性。

许多英语教师在教授口语时仍然过分依赖课本，严格按照教材内容进行教学，这种做法导致教学内容单一，缺乏活力，最后很可能发展成教师单方面主导的朗读课，起不到锻炼学生英语口语的作用。另外，在传统的英语口语课堂上，教师往往是教学的主导者，学生则处于被动地位，这种教学模式限制了学生的主动性和创造力，不利于培养他们的口语能力。此外，许多英语口语课堂仍然采用"填鸭式"教学，即教师在课堂上讲解语法规则、词汇等知识，而学生则通过死记硬背来学习，这种教学模式忽视了学生实际口语实践的机会，导致学生在实际交流中难以应对。有些教师试图设置一些典型的英语对话场景，让学生之间通过相互对话练习口语，但是教师设置的场景很多都脱离现实生活，很难起到锻炼学生口语的作用。

2. 缺乏优秀的英语口语教师队伍

在招聘大学英语教师时，部分高校过分关注应聘者的学历背景，如是否毕业于知名院校、是否拥有高学历等，忽视了应聘者的教学能力和经验。实际上，优秀的英语教师不仅需要高学历，还需要具备良好的教学技巧、跨文化沟通能力和实践经验。传统口语教学模式强调语法和词汇知识的传授，而忽视了实际口语能力的培养，这导致部分英语教师在语言表达能力方面存在不足，难以很好地开展口语教学，制约了教师的教学水平，影响了学生的学习效果。此外，部分英语教师虽然口语能力较强，但仍坚持传统的教学理念，如以教师为中心、重视应试教育等，并且无法采用高效的新媒体技术，影响了英语口语教学的效果。

3. 大学缺乏对英语口语教学的重视

在大学英语课程的教学目标中，往往偏重阅读、写作等书面语能力的培养，而对口语能力的重视程度相对较低导致学生在实际交流中口语能力不足。部分大学英语课程在课程设置上，大部分时间都进行英语词汇、语法等方面的教学，重点培养学生对英语文章的阅读理解能力和写作水平，只有很少的英语课堂时间进行口语教学，这种设置导致学生对口语学习的重视程度不足，影响口语能力的提高。在大学英语课程的考核方式上，往往偏重笔试，而对口语能力的考核相对较少，这种考核方式导致学生忽视口语能力的培养，影响实际交流能力的提高。由于大学对英语口语的重视程度不足，学生在口语课程和实践机会方面的投入有限，导致学生的英语口语能力普遍较低，难以在实际交流中自如地使用英语。

三、大学英语听说教学创新

（一）大学英语听力教学创新

1. 听力教学前的准备工作

（1）激活学生元认知意识。不少大学生经历过高强度的高考学习后，在大学课程的学习过程中往往会缺乏学习的动力和压力。加上英语听力课程内容相对单一枯燥，学生学习兴趣普遍较低，在课堂教学过程中难以主动参与到学习活动中。因此，他们在学习时并没有主观清晰的学习意识，不会主动参与学习过程，也不会针对学习活动中可能存在的问题主动进行分析和补足。因此，在英语听力教学活动中，教师要主动承担分析学习过程的责任，与学生一起分析在课堂学习过程中听不懂的原因，并为学生讲授元认知策略的理论知识，让学生在课堂学习的过程中能够充分地参与其中，自主分析问题、解决问题。

（2）指导学生制订完善的听力学习计划和目标。教师在实际教学过程中，应当根据每名学生的实际学习特点和学习兴趣帮助学生制订切实可行的学习计划和学习目标，并结合课程教学内容的实际需要对

第二章
英语教学内容的建构与创新

教学目标进行细分设计,确保教学活动的有效性以及学生学习的可操作性。除此之外,在具体的教学过程中,针对英语学习基础相对较弱的学生群体,教师应当从英语基础朗读和听力训练入手,在短期内进行高强度的练习和学习实践,保障学生掌握基本的英语发音和听力技巧,以此为听力教学活动的进一步深入发展奠定良好的基础。针对学习基础扎实的学生,则应当通过多样化的课后听力学习活动进一步发展学生听力实践的能力,让学生长期在良好的语言学习环境中循序渐进地发展自身的英语听力综合技能。

2. 听力教学过程中的策略

(1)培养学生自主学习与管理的意识。在大学英语听力教学过程中,学生往往会遇到各种各样的学习问题与困难。例如,学习注意力难以集中、听力学习缺乏科学的方法等。教师应当为学生提供一些自我管理和监控的策略,为学生更好地进行课堂学习和自我管理提供意见与建议。在具体教学过程中,首先要指导学生提高对学习的注意力。由于每名学生在注意力高度集中的状态下,每八秒钟左右就会出现一秒钟的注意力起伏情况,教师在指导学生进行自我管理时就要将学生的学习关注重点放在英语听力的关键词句上,最大限度地发挥学生注意力的作用。其次,在学生进行英语听力学习时,教师应当引导学生着重把握文章的整体结构和脉络,将一些常用的梳理文章脉络的方法渗透到日常学习活动中,为学生自主学习能力的提高指明方向和方法。

(2)强化学生预测能力的发展。相较于初高中阶段的英语听力学习,大学英语听力内容的语速相对较快,学生在短时间内难以准确地获取大量的有用信息。在实践教学过程中,教师除了要指导学生学会辨析理解关键词句之外,同时也要对学生听力学习时的预测能力进行针对性的培养。这种预测能力就是指学生在进行听力学习的过程中能够利用已有的知识经验和已获取的听力信息对后面的学习内容进行有效的预测,从而通过科学的联想获取更多的听力信息。为此,教师在日常的听力教学过程中要针对学生的这种预测能力进行系统的培养,使学生通过长期的学习和锻炼形成一种应激反应,在进行具体的英语听力学习时养成预测的学习习惯,提高英语听力学习的有效性。

(3)培养学生自我监控的能力。在英语听力教学过程中,培养学生的监控策略也是至关重要的。在日常听力学习过程中,学生难免会出现大脑一片空白的状况，针对这种学习注意力难以集中的学习状态，教师应当指导学生及时调整自己的学习心理和学习心态。在遇到外界影响因素或者听到陌生词汇及短句时避免长时间纠结于此，否则会导致后面大篇幅的听力内容难以理解。在实际学习时，教师可以为学生提供一些自我监控的策略，保障学生在听力学习的过程中能够对自己的学习过程进行有效的监控，在遇到学习困难时暂时跳过，保证后续听力学习活动的有效性。除此之外，在实际教学过程中，教师可以指导学生学会一些速记技巧，如记下听力语篇中的关键词等，通过词汇以及标注辅助的学习方式提高英语听力学习的效果。

3. 听力教学后的实践策略

（1）鼓励学生及时进行自我总结。大学英语听力教学过程中，在学生完成听力学习活动之后，教师一般不会对教学过程进行系统的总结，对学生的学习质量也只是通过最终的学习成绩进行评价和评定，这样就很难发现学生在学习过程中存在的问题。在听力教学过程中，教师要充分发挥元认知教学策略的优势作用，在学生结束英语听力学习活动之后指导学生对学习过程进行有效的自我评价和总结，帮助学生养成良好的学习习惯。例如，在听力学习活动结束之后，教师可以鼓励学生进行小组自主总结的活动，将听力学习过程中遇到的问题在组内进行讨论和解决，让学生在实践参与的过程中逐步发展自主学习的意识和能力。

（2）针对学习困难与学生及时沟通，分析问题成因。通过有效的总结和梳理，学生在实践学习时可以自主地发现自身在听力学习过程中的问题与不足。但是，由于自身学习能力的局限性，学生很难通过自主分析发现问题，进而影响优化学习质量。因此，在学生进行自我总结和评价之后，教师要针对学生在听力学习过程中存在的问题，进行深度的原因剖析，帮助学生找出影响听力学习的因素。例如，听力学习过程中不会针对性地获取关键词、没有掌握良好的速记方法等。这些深层次的原因分析，都需要基于学生与教师之间的深度沟通和交流。教师通过教学引导，帮助学生优化听力学习的质量和效率，科学地指引学生学会发现问题、解决问题，循序渐进地提高学生英语听力学习的自信心，优化听力教学质量。

（3）指导学生养成良好的自主学习习惯。在大学英语听力教学的过程中，仍旧以教师主导的讲授型教学方式为主，听力学习的内容也是教师根据教学任务设计的，学生在整个学习过程中自主学习的能力和意识都相对较弱。因此，教师要针对学生的实际学习需要指引学生养成良好的自主学习习惯。元认知策略在实践中的应用能够增强学生学习的计划性，起到对自身知识掌握和认知策略使用状况的管理和监控作用，在掌握元认知策略的基础上，学生能够自主、适时地对自己的学习进行计划、监督和评价，从而使学习效果最大化。

(二)大学英语口语教学创新

1. 丰富英语口语教学内容

新媒体技术的发展为英语口语教学带来了诸多便利和创新。教师应充分利用这些技术丰富英语口语教学的内容。

英语教师可以鼓励学生利用新媒体收集和整理适合自己的英语口语学习资料，这有助于学生根据自己的需求和兴趣进行个性化的口语练习。教师可以利用新媒体分享有趣的英语口语学习内容，如短篇故事、口语表达、语音片段等，以激发学生的学习兴趣，提高英语口语教学效果。

在口语教学资料的选择上，教师需要严格把关，确保资料的质量和适用性。同时，为了激发学生的学习兴趣，提高教学效果，教师还应将一些趣味元素融入教学资料中。教师在选择口语教学资料时，应关注学生的生活和兴趣，选择贴近他们实际生活的主题，如校园生活、电影、音乐、旅游等。这将有助于学生更快地融入学习情境，提高学习效果。

在拥有丰富学习资源的前提下，教师应根据所教内容，制订详细的教学计划，包括教学目标、教学内容、教学方法、教学进度等，并为学生安排合适的学习任务，通过完成这些任务，学生可以逐步提高英语口语能力。教师应定期对学生的学习成果进行检验，如口语考试、课堂表现评价、同伴评估等。通过评估，教师可以了解学生的学习情况，及时调整教学策略。

在学生进行口语练习时，教师应关注他们的发音、语法和词汇使用情况，及时纠正错误，这有助于学生形成正确的语言习惯，避免错误的积累。

除了以上比较传统的教学方式之外,教师还可以根据学生的兴趣设计一些具有互动性和竞争性的比赛,如演讲比赛、辩论比赛、情景剧表演等,这些形式可以提高学生的参与度,使他们在实际交流中提高英语口语能力。

2. 利用互联网进行教学

互联网技术为学生提供了更高效、便捷的英语口语学习途径,有助于提高英语口语教学的效果。

在互联网环境下,教师可以根据自己的需求和学生的特点,选择合适的线上教学平台,如腾讯课堂、网易云课堂等,这些平台提供了丰富的教学工具和资源,支持视频、音频、文本等多种形式的教学内容。教师可以利用线上教学平台,为学生提供模拟真实场景的口语练习机会。例如,通过视频聊天、角色扮演等形式,帮助学生在实际交流中提高英语口语能力。教师还应充分利用线上教学平台的互动功能,与学生进行实时交流和讨论。这有助于了解学生的学习进度和需求,为他们提供个性化的指导和帮助。此外,教师应根据线上教学的特点,制作高质量的教学资源,如视频课程、音频讲座、互动练习等。这些资源应具有趣味性、实用性和易用性,满足学生的学习需求。

3. 创建有趣的混合式教学课堂

在教育领域不断创新的今天,英语口语教学应紧跟时代步伐,引入混合式教学模式。这种模式将传统的面对面教学与线上教学相结合,充分利用了二者的优点,为学生创造了一个既具有互动性又具有灵活性的学习环境。

例如,将雨课堂运用到英语口语教学中。在课上,教师设置随机点名模式,学生觉得这种随机点名的方式很有趣并积极参与其中;同时,教师还可设置趣味知识抢答等游戏,极大地提高了学生的兴趣,课堂也变得生动有趣。课外,教师通过口语课堂给学生发布口语学习任务,也会为学生推送英语视频、英语歌曲等。英语口语教师还可以组织各种有趣的英语小游戏,如在黑板上写上一些英语单词或者短语,让一位学生背向黑板,一位学生面向黑板,面向黑板的学生通过肢体语言以及相关的英语词汇表达出单词或者短语的意思,再由背向黑板的学生猜出正确答案，获胜的小组可以得到相应的奖励。同时，教师还能根据课程主题把教室装饰成与之相关的场景，如《新世纪大学英语视听说教程》第三册的 Unit 1 中有一部分内容的主题与 air travelling 有关，教师可以提前准备一些写有 check-in counter、baggage claim、oxygen mask 等单词的指示牌，然后让学生扮演 flight attendant 和 passenger，在真实的语言情境中去学习与该主题相关的词汇和句子，并运用到对话中。

4. 完善学生英语口语考核体系

教学评价的合理性对学生口语学习的积极程度有着重要影响。教师应提供明确、公正、及时的教学评价，激发学生的学习兴趣和动力，帮助他们提高口语水平。

目前，学生口语课程的评价体系通常只关注学生的成绩和表现，忽视了学生的学习过程，这种单一的评价方式无法全面了解学生的能力和需求，限制了教学效果的提高，也不利于激发学生的学习兴趣和动力，影响学生的学习积极性。教育工作者应认识到这些问题，积极完善教学评价体系，提高英语口语教学效果。大学要把英语口语课程置于和其他课程同等重要的位置上，严格根据考试流程对学生口语能力进行考查。改进传统英语口语教学评价体系可以从以下几个方面着手：

（1）采用多种评价方式，如口头表达、小组讨论、角色扮演等，全面评估学生的英语口语能力。这有助于了解学生的综合能力，提高评价的公正性和准确性。

（2）根据学生的个体差异，制定个性化的评价标准和方法。针对学生的不同需求，进行有针对性的评价，帮助学生充分发挥潜力。

（3）在评价中关注学生的学习过程，对学生在学习过程中的努力和进步给予肯定。这有助于激发学生的学习兴趣和动力，提高他们的学习积极性。

（4）将评价融入教学过程，及时了解学生的学习状况和需求。根据评价结果调整教学策略，帮助学生明确学习方向，提高教学效果。

（5）在评价中注重学生的实际口语表达能力，而非应试技巧。通过模拟真实场景的口语练习和评估，提高学生的英语口语实战能力。

5. 创新教师教学评价体系

大学生在课程结束后通过互联网平台对英语教师的口语教学质量进行评价，可以从以下几个方面进行：

（1）教学内容：评价教师在课程中所教授的英语口语知识和技能是否实用、有趣，是否符合学生的需求和兴趣，以及课程内容的难易程度是否适中。

（2）教学方法：评价教师采用的教学方法是否有效，如互动讨论、角色扮演等，是否激发了学生的学习兴趣和积极性，以及教师是否有灵活运用不同的教学手段。

（3）课堂氛围：评价课程的课堂氛围是否轻松、愉快，学生是否愿意参与讨论和交流，以及课堂氛围是否有助于提高学生的英语口语能力。

（4）课程效果：评价课程是否达到了预期的教学目标，学生在课程结束后是否觉得自己的英语口语能力有所提高，以及课程效果是否满足学生的期望。

（5）课后支持：评价教师是否在课后为学生提供了支持和帮助，如回答问题、提供学习资源等，以及教师是否关注学生在课后的学习情况。

以上几个方面的评价可以直观反映英语教师的口语教学质量，为教师提供有益的反馈。

第三节　英语读写译教学革新

传统的英语读写译这种教学方法过于注重知识灌输和应试技巧，忽视了学生实际语言应用能力和创新思维的培养，难以满足现代社会的需求。因此，为了更好地适应社会发展和需求，需要对英语读写译教学进行革新，采用更有效的教学方法，培养具备实际应用能力和创新思维的英语人才。

第二章
英语教学内容的建构与创新

一、大学英语读写译知识

(一)英语阅读知识

1.阅读兴趣

(1)阅读兴趣的定义

兴趣在教育活动中的重要性毋庸置疑,早在19世纪初,著名教育家约翰·弗里德里希·赫尔巴特(Johann Friedrich Herbart)就提出教学的导向性目标之一是发展兴趣。他认为兴趣能够在人们对事物进行正确、全面认知时起到重要作用,能够将习得的知识维持更长时间,同时能够激发人们进行更深远的学习活动。随后,杜威(Dewey,1913)在其撰写的《教育中的兴趣和努力》一书中提出以兴趣为基础的学习的结果与仅仅以努力为基础的学习的结果有质的不同。但此后无论在教育心理学领域还是其他领域,兴趣的相关研究均没有得到过多的关注。[1]直至20世纪80年代,西方研究者逐渐意识到兴趣在学习中的重要作用,对其本质以及对学习的影响展开了探讨和研究,并尝试对其进行合理且科学的定义和理论解释。

20世纪90年代起,我国研究者也开始关注并认可了兴趣在学习中的重要影响力,但对其在教学实践中的实验研究和深入的理论探讨仍较少。总体而言,中西方许多学者尝试对学习兴趣的内涵进行定义,但目前仍缺乏较为统一的学习兴趣概念。[2]

就目前而言,学界普遍认可西方学者苏珊·希迪(Hidi)对于兴趣概念的二分法,即个人兴趣、情境兴趣。一般认为,个人兴趣是一种不断发展的、相对稳定的心理特点,它和增长的知识、价值和积极的情绪相联系,是由内部激活的;而情境兴趣是对环境输入的一种反应,它的产生和激活依赖于当前环境中的某些条件和刺激,是自发产

---

[1] 章凯.兴趣与学习:一个正在复兴的研究领域[J].宁波大学学报(教育科学版),2000(1):27-30+33.
[2] 赵兰兰,汪玲.学习兴趣研究综述[J].首都师范大学学报(社会科学版),2006(6):107-112.

生并很快退散的。① 依据上述对兴趣的概念界定可知，个体兴趣相较情境兴趣而言，更为持久和稳定。希迪（2000）认为个人兴趣和情境兴趣能够同时发生和互相转换，情境兴趣在特定条件下能够发展成相对持久的个人兴趣。② 因此，他认为兴趣是个体的个人兴趣与有趣的环境特征相互作用而产生的心理状态。

我国学者章凯（1996）基于西方学者对兴趣的相关研究和理论解释，对兴趣的概念进行了界定。他认为兴趣是个体在与环境相互作用中渴求并获得信息，以促进心理目标形成、演化和发展的心理过程。③

（2）阅读兴趣的分类

米切尔（Mitchell，1993）对情境兴趣进行了分类。他通过在中学生数学课堂上进行有关数学学习兴趣的实证研究和分析后，提出了情境兴趣的二维理论模型：激发性情境兴趣和维持性情境兴趣，其中对激发性情境兴趣的引发因素为"小组学习""计算机""智力谜题"，对维持性情境兴趣的引发因素为"意义性"和"自我卷入"。④ 米切尔指出"小组学习"通过提供给学生相互交流的机会来激发学生的学习兴趣；"计算机"和"智力谜题"通过较为新奇且打破传统的教学工具和教学模式，从而激起学生的兴趣。"意义性"是指学生认为在体验式英语阅读课上所学的知识是"有意义知识"，当学生认为所学知识是有价值的时候，就会产生学习动力来维持其学习兴趣。"自我卷入"是指学生主动参与到学习过程的程度，自主地参与有助于兴趣的维持。

希迪等人将其原先构建的兴趣发展四阶段模型与米切尔所建的情境兴趣二维理论模型进行融合，形成新的有关兴趣发展的四阶段理论模型，如图2-1所示。该模型包括兴趣发展和转化的四个阶段，即激发性情境兴趣、维持性情境兴趣、最初的个体兴趣和稳定的个体兴趣。

---

① Ainley M., Hidi S., Berndorff D. Interest, learning, and the psychological processes that mediate theirrelationship[J]. Journal of Educational Psychology, 2002, 94（3）：545.
② Hidi S., An Interest Researcher's Perspective: The Effects of Extrinsic and Intrinsic Factors on Motivation[M]. New York: Academic Press, 2000: 309-339.
③ 章凯，张必隐. 兴趣对文章理解的作用[J]. 心理学报，1996（3）：284-289.
④ Mitchell M. Situational interest: Its multifaceted structure in the secondary school mathematics classroom[J]. Journal of Educational Psychology, 1993, 85（3）：424.

其中，激发性情境兴趣指的是一种来自情感和认知加工过程的短暂改变的心理状态；维持性情境兴趣由激发性情境兴趣转化而来，其产生因素在于高度并持久地集中注意力参与某一特定知识内容的心理状态；最初的个体兴趣是对某些特定情境中反复出现和参与的学习内容进行相对持久的探索和获取而产生的，它通常伴随着积极情感、价值量和知识量的积累；稳定的个体兴趣是在最初的个体兴趣的基础上进一步对知识和积极情感进行积累，并对上述学习内容进行更长时间的探索和获取。

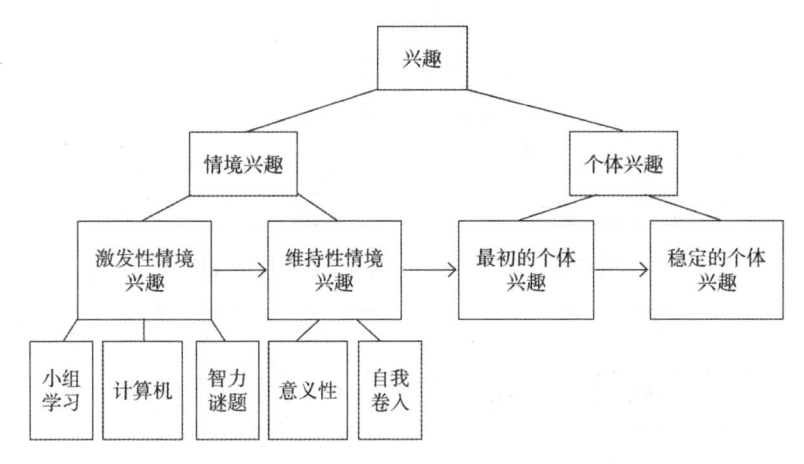

图 2-1 希迪等人的兴趣发展四阶段理论模型

通过上述兴趣发展四阶段理论模型中的要素探讨和分析，将激发性情境兴趣看作即时阅读兴趣，将维持性情境兴趣看作延时阅读兴趣。

第一，在该理论模型的第二层次中，从激发性情境兴趣逐渐发展为稳定的个人兴趣的过程，实际上是英语阅读即时兴趣向英语阅读延时兴趣的发展。

第二，研究者认为模型第三层次中的五要素与体验式外语教学"4E理论"中的"参与""愉悦""共鸣""环境"四个要素关系密切："小组学习"的形式能够帮助学生更为积极地"参与"体验式教学活动；"计算机"和"智力谜题"能够作为体验式教学过程中的多媒体教学工具和有趣的教学方式来吸引学生的注意力，从而使学生在轻松愉悦的教学"环境"中获得更为"愉悦"的情绪体验；进而，"意义性"情境兴趣因素让学生对阅读内容的学习更有动力，学生能够全身心地投入学习过程中去，从而与学习材料和内容产生"共鸣"，获得语言能力和阅读能力的成功；这种成功的体验感能够使学生再一次主动参与到下一阶段的学习环节中，从而实现学生的"自我卷入"。

因此，可以将模型原有的第三层次的五个要素总结为以下四个维度，即教学生动性维度、情感体验维度、意义认识维度和自主参与维度，并通过上述四个维度探讨和分析体验式阅读教学对学习者阅读兴趣的影响。调整后的模型如图 2-2 所示。

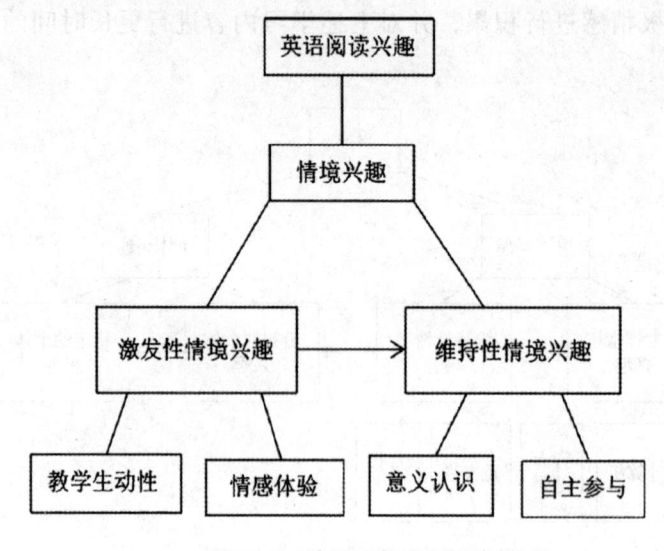

图 2-2　情境兴趣发展理论模型

2. 阅读模式

阅读要遵循一些基本的模式，具体包含如下几种：

（1）自下而上模式。自下而上模式起源于 19 世纪中期，是一种较为传统的阅读模式。所谓自下而上，即从低级的单位向高级的单位加工的过程，低级的单位即基本的字母单位，高级的单位如词、句、语义等，从对文字符号的书写转向对意义的理解的过程。也就是说，自下而上的阅读模式是从对字母的理解转向对文本意义的理解。显然，这一过程是有层次、有组织的。因此，读者要想对语篇有所理解，就必须从基本的字母入手，理解某个词的意思，进而理解句子、语篇的意义。

（2）自上而下模式。自上而下的模式与自下而上的模式正好是相反的，产生于 20 世纪 60 年代，是读者基于自己的知识结构，通过预测、检验等手段对阅读材料进行加工理解的过程。自上而下的阅读模式是以读者为中心，侧重于读者自身的背景知识、自身的兴趣对阅读产生的影响。阅读可以被视作一种猜字游戏，读者运用自身固有的知识结构，减少对字母等的约束和依赖。在阅读中，读者需要对语篇结构进行预测，并从自身的知识出发理解语篇。

（3）交互作用模式。交互作用模式起源于20世纪80年代，这一模式即运用各个层面的信息来建构文本。但是，交互作用模式是一种双向的模式。交互作用模式是将上述两种模式融合为一体，涉及两个层面的内容。第一，读者与语篇之间的相互作用。第二，较高层次技能与较低层次技能之间的相互作用。

就文本理解而言，自上而下的模式相对来说比较重要；对词汇、语法结构而言，自下而上的模式相对来说比较重要。如果将两种模式的精华提取出来并加以综合，就成了交互作用模式，其便于对语篇的整体理解。可见，这一模式是最为实用的模式。

（二）英语写作知识

英语写作的学习和训练是一个系统工程，需要多方面的配合才能保质保量地完成。学生的英语基础参差不齐，按照这种实际情况，在课时的分配上应有所放宽。由于课时少，要讲授的内容多，为了完成教学任务，教师往往顾不上学生英语底子差、知识匮乏的现状，只好加快节奏，必要的训练也得不到保证，更没时间及时了解学生对知识的掌握程度或进行个别指导，这样势必会影响该门课程的教学质量，因而在排课时应该要考虑课时分配的合理性，以保证教师能保质保量地完成教学任务，使学生学习的系统性更强，知识掌握得更牢，这是提高教学质量的有效保证。

（三）英语翻译知识

1. 翻译的界定

任何一种翻译活动，不论从内容方面（政治、社会、科技、艺术等等）还是从形式方面（口译、笔译、同声传译）都具有鲜明的符号转换和文化传播的属性。作为文化和语言的转换活动，翻译的目的是沟通思想、交换信息，进而实现人类文明成果的共享。没有翻译作为媒介，文化、传统、科技的推广就无从谈起，所以翻译是人类社会共同进步的加速器。

翻译的标准有很多，但基本的共识是要达到"信、达、雅"这三个标准。"信"即对原文的忠实，翻译是不可以随意发挥和篡改原作者的语义和情感的。"达"是指翻译的内容要使读者或听者能够充分准确地理解，令人迷惑不解的译文是不合格的。"雅"是指语言的优美，能让人产生美感。当然"雅"应该是建立在"信"和"达"的基础上的，没有对原文含义的"信"和"达"，"雅"就没有任何意义了。

翻译中的口译具有即时性的特点，译者往往没有充足的时间做准备，要根据现场情况及时、准确地理解和传达，因此译者需具有更加强大的心理素质和更加广博的知识存储。另外，也有一些对译员的心理和生理条件的要求，如比较胆怯的性格特点就不适合担当口译工作。笔译的从业者则要从不同的方面来考虑。

笔译要求翻译内容更加准确和优美，为此，译者应该做好充分的准备，包括对原文作者的了解，对材料背景和相关专业知识的学习和准备。只有做足了功课，才能确保对原文语义的精确理解。表达是笔译的第二步，当然表达的准确程度依赖对原文的理解程度。最后还要对翻译的内容进行校对，确保没有笔误，不遗失信息。

翻译的方法可以简单分成意译和直译。意译指的是译者只忠实于原文的语义，而不拘泥于原文的表现形式。因为中西方文化的巨大差异，很多词语和表达法在另一种语言中完全不存在，或部分存在，这样就要求译者对原文语义有全局性的把握，从而在不改变基本语义的情况下，对表达方式做出适当的调整。直译法则既能保持原文的语义又能保持原文的形式，包括原文的修辞手段和基本结构，从而既表达了语义，又保留原汁原味的异国情调。在具体翻译实践中，不能僵硬地保持意译或直译的风格，采用哪种方式一定是视情况而定的，取决于原文的特点。在绝大多数情况下，需要两种翻译方式的结合，才能创作出理想的译文。

2. 翻译技巧

（1）长定语的翻译

英语的长定语包括从句、独立结构等，较之汉语的定语有位置、使用方式、使用频率方面的不同，所以长定语的翻译一直是英语学习中的难点。我们学习英语，不可避免地会以母语作为参照，因此英语学习的过程就是摆脱母语干扰的过程。在翻译比较复杂的语言文字时，大脑需在两个语言频道间频繁转换，由于对母语本就自然依赖，此时大脑更容易受母语影响，而长定语翻译的困难之处正在于此。

在翻译实践中，根据原句的特点和句子长短，可尝试运用两种翻译技巧：

①原句较短，可译成标准的汉语定语句式。例如：

Besides coffee industry, there are many other fields in which Uganda and China can cooperate.

除咖啡产业外，乌中之间在很多其他领域都可展开合作。

②原句较长，可将定语从句拆开单译。例如：

After years of economic reform, this country has achieved macro-economic stability characterized by low inflation, stable exchange rates and consistently high economic growth.

经过数年经济改革，这个国家实现了宏观经济的稳定，其特点为低通胀、汇率稳定和持续高速的经济增长。

因为在即时口译翻译中，时间有限，若译成较长的句子，容易产生口误或错误，导致听者理解困难。汉译英时更要注意长定语的翻译，毕竟我们英语的使用不如汉语熟练，如果在长句翻译中稍有语法错误就会影响翻译质量。英文母语使用者的第一追求是意思的清晰明了，而不是句式和用词的复杂华丽。

（2）无主句的翻译

无主句是汉语使用中常出现的情况。例如：

医院将提升学术水平作为重中之重，实施科研精品战略，以立足长远、收缩战线、调整布局、突出重点、加强协作、结合医疗为方针，加强学科建设、重点实验室和科研队伍建设，先后培养出5个国家重点学科、18个省重点学科、8个卫生部重点实验室，为获取重大科研课题和重大科研成果奠定了基础。

在这样一个长句中只有开头一个主语。翻译中如果也这样设计句子结构，就会产生非常混乱的感觉。建议具体翻译方案如下：

添加主语：The hospital prioritizes the upgrading of academic capacity and establishment of key disciplines. It practices the "Strategy of Premium Research". It holds on to the Long-term based, concentrated, restructured and concerted guideline which combines with medical service.

被动语态：Key disciplines and key labs are emphasized in the process which resulted in the establishment of 5 national level disciplines, 18 provincial ones and8 labs of ministerial importance.

在书面和非常正式的场合可用从句：That premium research is pra-cticed as a strategy, that the guideline of long-term, concentrated, prioritized development are emphasized.

（3）替代词的使用

在我们阅读翻译作品时，常感文字表达不顺，很重要的一个原因是英文替代词的使用要远多于汉语。其中，包括代词、名词、助动词、系动词等。此时，我们应该注意依照目标语言的使用习惯进行转译。例如：

沈阳是个以制造业为经济基础的城市……沈阳还是个有着上千年历史的古城。

Shenyang is a manufacturing based industrial city..., it is also a thousand years old ancient city.

I prefer cars made in Germany to those made in Japan.

相比日本汽车，我更喜欢德国车。

另一种替代是用可表示其特点的名词替代。例如：

Both China and the United States are great countries in the world and their partnership will be contributive to world peace and development. The greatest development country and the greatest developing country will certainly play leverage in world affairs.

中美两个大国及其伙伴关系会对世界和平和发展作出巨大贡献，两国在世界事务中将起到举足轻重的作用。

注：英文表述中分别用表示各自特点的名词 the greatest developed country 和 the greatest developing country 替代各自的名称，这样的情

况在英文中比比皆是。

（4）三段式翻译

中文表述中常出现多谓语情况。例如：

大连地处辽东半岛南端，风光美丽宜人，是东北乃至东北亚地区重要的海港城市。

这种情况下，建议将次要谓语译为独立结构，另两个谓语译为双谓语句子。翻译如下：

Situated on the south tip of Liaodong Peninsula, Dalian is a city of pleasantry and a harbor city of regional importance in Northeast China, even in Northeast Asia.

（5）插入语

英文会使用很多插入语，跟汉语相比这是较为独特的现象，在翻译中应该注意句子成分位置的变化，以达到更加地道的语言表达效果。例如：

Another impediment to archeological research, one of worldwide concern, was the increasing resistance to excavation of the remains of indigenous inhabitants.

令世界关注的另一个对考古研究的阻碍是人们对当地居民遗产的发掘的抵制。

（6）句子成分转换

一些经验不足的译者往往进行字对字的翻译，经常费力不讨好，且译出的语言文字显得不伦不类，有时甚至令人费解。实际上翻译是一个思想传递的过程，而非一味追求语言的绝对忠实。例如：

装备制造业是国家工业化、现代化的标志，也是国民经济的基础，是一个国家竞争力的体现。

Capacity of Equipment manufacturing indicates industrialization and modernization, underlies national economy and backs up national competitiveness.

上例中，将原文的宾语译成了谓语。

（7）填词、省略法

在翻译过程中，原则上不能随意加词，但为更好地表达，以便读者或听者更好地理解，翻译时也可添加词，前提是虽原文中未提及，但明显隐含其意义。例如：

Without your help, my trip to China wouldn't have been such a pleasant one.

如果没有你的帮助，我的中国之行不会如此愉快。

有添，就有略，两者都是由文化差异、语言习惯造成的。如果不进行必要的处理，自然无法达到最佳翻译效果。例如：

会议讨论了环保问题。

Meeting discussed environmental protection.

上例中省略了"问题"。

二、大学英语读写译教学存在的问题

（一）大学英语阅读教学存在的问题

1. 阅读教学碎片化

大学英语教师在阅读教学过程中，重视语法词汇的讲解以及阅读技巧的初级掌握（根据语境猜测单词）。但是阅读不是单词语法的排列组合，阅读之所以称之为阅读，首先应该重视对阅读文本自上而下的宏观把握，而这恰恰是英语教师所忽略的。该问题导致学生获得的知识呈碎片化状态，学生难以真正内化文本内容，语言能力也无法得到有效提高。

2. 阅读情境设置脱离实际

在大学英语阅读教学中，创设情境能充分调动学生学习积极性，使其在对文本的深入理解和体验中，提升学习能力。英语教师在设置阅读情境方面存在问题，不能有效激发学生兴趣，导致学生参与感不强，同时学生的学习能力也无法从中得到提升。

3. 批判性阅读环节缺失

学生在英语阅读过程中，习惯性地接受文本内容，较少动脑思考做出自己的分析和判断。其主要原因是英语在我国一直以来都被视为工具性语言，且教师长期忽略对学生批判性思维和创新性思维的培养，故大学英语阅读教学中缺乏批判性阅读这一环节，导致学生批判性思维欠缺，创新能力不足。

（二）大学英语写作教学存在的问题

近年来，全国各大学都在积极探索大学英语的教育改革模式，湖北某地方大学结合"互联网+"的优势，充分利用国家级、省级精品在线开放课程和中国大学MOOC（慕课）等课程资源，利用钉钉、腾讯会议、超星云班课、新理念、We Learn、智慧树等在线教育平台，制订了各种英语应用能力培养计划，持续帮助教师探索大学英语写作教学的规律和创新教学手段，确保大学英语教育质量和四、六级的通过率，但同时也存在诸多问题。

1. 学生层面，学生自主探究积极性不高

部分学生存在词汇量不够、语法知识不牢固、喜欢使用中式英语、习惯从网上借鉴相似文章写作或者过度依赖有道等翻译软件辅助撰写等问题。虽然教师课前花费了大量的时间和精力进行教学准备，课堂上花了大量时间为学生讲解写作技巧和范文等，但学生更愿意将精力花在自己感兴趣和擅长的专业方面，课堂和课外的自主写作意愿不高。此外，由于大学相对自由的学习环境，教师不会像初高中一样布置大量习题来提升写作技能，很少有学生自觉、主动搜集任务以外的相关写作知识，一些学生只是本着完成任务的态度，到作业截止日期才开始完成作业，而没有阶段性花大量的时间深入钻研。学生没有将写作任务细化和阶段性落实，自主学习流于形式，制约了教学过程中学生自主学习能力的培养。

2. 教师层面，教学环节创新不足

大学英语课程作为全校学生必修的公共课，通常为了顾及大多数同学而采用"统一式"课堂教学，基础薄弱的学生，容易因为跟不上而放弃学习，而一些英语基础好的学生也不能得到专业的指导和有效的提升，这在一定程度上妨碍了部分学生写作水平的提高。此外，课程教学中仍然是任课教师讲解写作内容为主，学生坐在课堂被动地跟随教师学习相关知识，只能收获一些理论知识与答题技巧，不能有效地提升英语写作水平。虽然教师通过互联网和其他教学平台为学生搜集与整合有用素材，但只是简单地发给学生作为课外参考学习资料，而没有通过课堂检测、作业批改和考试测评等考核评价环节，使得学生的写作成果没有得到及时反馈。大学英语作为大班授课，教师如果不创新教学环节，很难掌握每名学生的写作能力和学习情况，做到以学生为中心，对学生写作情况进行跟踪分析与评价，动态监控每名学生写作能力的达成情况。

（三）大学英语翻译教学存在的问题

1. 教师的教学理念有待更新

现如今，虽然部分教师在大学英语教学过程中开始重视翻译教学，但教学模式过于传统且教学内容过于陈旧，课堂上教授的英语翻译知识和技能无法满足现代社会对翻译专业人才的要求。另外，部分教师在教学中过于注重英语翻译理论和基础知识的讲解，忽视了英语翻译实践，导致学生的翻译能力无法得到有效提升。

2. 缺乏对于目的语国家文化的了解

在英语翻译教学中，教师往往只关注语言知识和技能的传授，而忽视了文化教育，导致学生在翻译过程中难以理解多元文化背景，影响其跨文化沟通能力的培养。教师未能引导学生对源语言和目的语言的文化进行比较和分析，学生难以理解两种文化之间的差异，从而影响翻译的质量。此外，部分英语翻译教师对于目的语国家文化的了解不足，影响了他们将文化教育融入翻译教学的能力，从而限制了学生的学习效果。

三、大学英语读写译教学创新

（一）大学英语阅读教学创新

1. 依托信息资源的丰富性，强化教学内容的共建共享

首先，教师需要重点关注大学生群体普遍感兴趣的国际局势、社会时事等内容，将其融入英语阅读内容，激发学生的学习兴趣。同时需要在新媒体空间整合更多与英语国家地理、历史、文化、社会等相关的知识素材，借助新媒体视听技术将其以视频、音频、图片等形式展现出来，在开阔学生视野的同时为其跨文化交际能力的提升夯实基础。

其次，英语阅读教师需要联合其他学科的教师，依托新媒体的信息资源实现英语阅读教学内容与其他学科内容的深度结合，使学生依托自身的知识储备体系进一步深化英语阅读内容的学习和训练，有助于学生阅读思维的发散性锻炼和联想能力的强化。

最后，教师需要在新媒体的支持下依托"校际联合"机制组建跨校合作团队，凭借新媒体渠道打通校际英语阅读资源的共享路径，可以在消除局部群体视野局限性的同时丰富教学资源，通过对优质教学内容的借鉴确保大学英语阅读教学内容的先进性与适用性。

2. 依托信息传播的多元性，促进教学手段全面创新

首先，大学英语阅读教师需要在新媒体技术的支持下实施多样化微课教学，依托新媒体技术将阅读教学的重难点制作成小视频发布在新媒体平台，以此依据大学生的身心发展规律和兴趣方向呈现碎片化学习内容，使学生随时随地开展英语阅读学习和训练。同时，教师还需要借助慕课、视频指导、直播教学等方式对英语阅读教学中的系统性内容进行线上施教，使学生在不受时空制约的条件下掌握更多的知识与技巧。

其次，教师需要推动新媒体技术与传统课堂教学的融合，利用新媒体技术营造符合阅读内容的交际情景，使大学生可以更加直观地理

解英文文章的内容,并增强学生的阅读理解能力和英语综合运用能力。

最后,教师要引导学生利用课前、课后时间依托新媒体开展自主性学习,要求学生关注以英语语言、英语国家为主题的优质博主,使学生在浏览短视频、在线直播互动等过程中深化自身的英语阅读理解能力,养成良好的英语语言思维和语感,为自身跨文化交际能力的提升夯实基础。

3. 依托信息反馈的即时性,实现教学评价多维立体

首先,教师需要依托超星泛雅、智教学等新媒体 App 对学生在英语阅读教学中的表现进行全方位的记录,既包括预习效果、课堂表现、作业情况、测试成绩等日常表现,也包括英语基础、学习习惯、阅读能力、理解能力等学习要素,并应用新媒体的数据分析功能描绘学生画像,最终从多个维度得出立体化的评价结果,以保证大学英语阅读教学评价的客观性和有效性。

其次,大学英语教师需要依托新媒体后台数据监控机制全面掌握学生开展自主性学习的具体成效,并凭借新媒体渠道加强与学生的线上互动交流,以此明确学生在英语阅读知识储备体系和能力结构方面的个体差异,进一步深化教学评价的精确性。

最后,以教学评价得出的结论为基础,教师可以在新媒体技术的支持下针对性施教,依据学生在英语阅读学习方面的个体差异,通过制作个性化微课、开展差异化互动指导等方式,对学生的课堂学习和自主阅读实施针对性指导,有的放矢地帮助学生迅速提高自身的英语阅读能力和跨文化交际能力。

4. 依托信息的交互性,加强教学实践整体优化

首先,大学英语教师需要在新媒体平台整合与教材内容相关的优质英语短文,依托新媒体渠道以视频连线互动的方式组织学生开展英语阅读理解比赛。要求学生在规定的时间内完成短文阅读并解答教师提前设置的相关问题,进而凭借线上教学实践活动激发学生的学习兴趣,使学生在充满趣味性的实践活动中不断提高自身的应用阅读理解能力。

其次,教师需要凭借校企联合和产教融合机制,与校外的英语翻译机构和涉外团体深度合作,使其为大学英语阅读教学提供线上实践的机会。教师可以指导学生通过新媒体渠道完成相关机构交代的任务,

并在此过程中有计划、有步骤地引导学生提高自身英语阅读能力和跨文化交际能力。

最后，教师可以帮助学生在新媒体平台开设以英语阅读为主题的账号，使学生依托自身所学以制作短视频、开设在线直播等方式阐述英语阅读知识和技巧，如此可以使学生"温故而知新"，通过与粉丝的互动交流不断检查、完善自身的英语阅读知识储备体系和能力结构，实现自身英语综合运用能力和跨文化交际能力的提升。

5. 翻转课堂阅读教学模式

翻转课堂在英文中是 Flipped Classroom 或 Inverted Class-room，翻译成中文是"反转课堂"或"颠倒课堂"，这种新型的教学模式是随着互联网及信息技术的发展而产生的。翻转课堂不同于传统课堂，它是指学生通过课前在家观看微视频和相关资源，完成课前自主学习任务，从而学习单元课时的知识点，课堂是师生之间合作交流、答疑解惑的平台，提高了学生知识内化效果，提升了学生灵活运用知识的能力，极大地推动了教学效果。

（1）利用数字化教学资源，实现信息化教学与常规教学的融合互鉴

为深入实施教育数字化战略行动，国家以及社会层面都推出了很多精品化的英语共享课程。教师可以将这些数字化教学资源利用起来，发掘其优势价值，给常规教学增势添力。这既迎合了教育信息化的要求，也是给常规教学锦上添花的手段。

（2）结合多种学习方式，循序渐进提升学生的阅读理解能力

在课前自主学习过程中，学生通过观看教学视频以及完成活动单达成整体理解阅读文章的目标，为课中阶段通过合作学习来完成任务，深入理解文章打下良好基础。课后的交互学习则是通过读写结合的方式再次进行阅读理解能力强化训练。这种分阶段的不同学习方式一方面能比较好地激发学生的学习动机，另一方面也能通过不同阶段的任务活动从不同角度锻炼学生的主旨概括能力、词义猜测能力、推理判断能力以及细节提取能力，实现细化训练和综合训练的结合，达到循序渐进提升学生阅读理解能力的目的。

（3）听取反馈意见，优化任务设置和提升学生的阅读动机

在任务型教学当中，任务的设计是关键。教师除了要深入分析教

材和学情，进行合理的教学设计，遵循基本的任务型教学原则之外，还要注意任务型教学是强调以学习者为中心的，所以听取学生的意见很重要。

（二）大学英语写作教学创新

1. 多模态教学模式

多模态教学（Multi-Modeling）是1994年由新伦敦小组（由美国、英国和澳大利亚的教育学家组成）提出的教学理论。他们认为语言学习不仅仅是文字符号在个体大脑内刺激与反应的联结过程，而是多种符号共同作用的结果。多模态教学模式是一种利用多种媒介，调动各种感官，实现学习者能力培养的教学模式。多模态教学模式是指在考虑教学目标的前提下，合理利用各种感官、各种模式为师生营造一种和谐、愉快、民主的课堂学习氛围，在调动各种感官的基础上发展学习者听、说、读、写、译等各项语言技能。在实际教学过程中，教师在制定教学任务时还要考虑教学设计的四项原则，保证教学效果的最优化。

（1）注意结合多种教学方法

由于模态选择的多样性和灵活性，多模态教学相比以往的教学法具有较大的自由度和可变通性。由于一种固定的教学方法或模态无法达到所有的教学目的，所以之前诸如结果教学法、过程教学法、体裁教学法等众多教学法都逃不过到达巅峰又逐渐衰退的命运。而且固定的教学方法容易给学生带来审美疲劳，固定的套路、固定的策略很难带给学生新鲜感和趣味性。多模态教学能够根据教学目标、内容、对象等选择合适的教学方法（情境教学法、暗示法、故事法、任务驱动法、训练输出法）和模态组合灵活完成教学任务，避免呆板的课堂形式让学生丧失学习的兴趣。例如，课堂引入环节，完成介绍节日的写作任务时，教师可以播放节日视频结合图片进行情境教学；完成介绍家人的写作任务时，教师可以先通过故事法激发学生的学习兴趣，之后用PPT展示写作主题。每一节课都有不同的引入方式，有利于激发学生的学习兴趣。但模态使用并不是越多越好，在PPT中添加太多的图片、播放太多视频容易分散学生注意力，使学生对知识的理解只停留在表象，缺乏实际的运用。结合多种教学方法可以训练学生的实际运用能力，在实际运用的过程中不仅有助于牢牢记忆写作相关的单词和句子，也能够训练学生的逻辑思维能力，培养学生掌握正确的写作思路。

（2）合理规划课堂内容，注意把握课堂节奏

教师是进行多模态教学的指导者，要鼓励学生调动各个感官，积极参与到课堂活动中来。单调的教学活动很难吸引学生的注意力，也就无法调动多重感官。所以，教学过程中要设置丰富的教学活动，引入丰富的模态组合，同时还要将二者相结合，避免学生对知识的理解仅仅停留在模态表面。课前教师需要明确课堂设置的各个环节，如游戏设置的内容、流程、时间，小组讨论的内容、方式、结果，课堂引入环节需要的素材、方法和效果等都要考虑周全，避免出现脱节或混乱的局面，同时还要设计好备选方案和突发事件应急方案，确保课堂教学有条不紊地进行。

（3）线上线下相结合

随着信息技术的发展及多媒体技术的运用，课堂教学也应与时俱进，呈现出信息化、现代化、多媒体化和创新化的格局。多模态教学应该充分利用信息技术，促进线上教学与线下教学的充分融合，丰富学生学习形式的同时拓宽学生的眼界，优化英语教学环境。教师可以利用课上时间通过PPT、板书等形式讲解写作中的重难点知识，配合自身表情动作吸引学生的注意力，还可以利用网络丰富学生的教学活动，如下载网络课件、网络搜索相关问题、网络在线批改和解答问题等，调动学生的积极性。课下学生可以通过合作交流或网络查询的形式巩固课上内容，修改作文错误通过网络批改网进行自我反馈，和同学互传写作作品进行同伴互评，修改完成后上传网络交给教师进行点评。教师发布优秀作品供学生品读，学生总结错误问题并进行修正，通过线上线下相结合，学生的写作学习可以形成一个完美的闭环。

（4）设计情景化教学任务

教师在设计教学活动时，要注意背景知识的输入和生活实际的联系，使学生内化所学知识，在熟悉的语境中促进学生学习能力的提高，培养学生的实际运用能力。脱离语言文本和实际环境的讲述会使教学任务晦涩难懂，学生难以理解导致兴趣匮乏和成绩不理想，所以教学要与实际相结合，如教师讲授中国传统文化时，可以展示相关图片，引导学生猜测具体节日并讲述节日意义；教师还可以以当前社会热点

事件为背景组织学生进行辩论赛或脱口秀表演，以学生喜闻乐见的方式培养学生的逻辑思维能力和写作语言表达能力。

2. 混合式教学模式

基于"混合式学习模型"，在行动研究中不断进行反思完善，并依据教师日志、学生日志、访谈等质性数据对课前、课中、课后的教学步骤进行梳理细化，探究混合式学习在教学的各个阶段的具体流程。

（1）课前准备

在"混合式学习模型"的基础上，根据行动实践使课前准备更加贴合大学英语写作教学实际，细化分为三个步骤（图2-3）：

首先，教师需明确本次混合式教学的学习目标，依据学习目标设计线上教学，并制作学习视频上传至学习平台，之后向学生发布写作任务，鼓励学生利用丰富的互联网资源进行搜集和获取所需信息。

其次，学生登录学习平台进行线上自主学习，学生需要依据学习资料完成教师布置的写作任务，之后进行自我评价和反思，同时发现学习过程中的疑难进行记录并反馈。

最后，教师检查学生反馈和课前完成的写作任务，发现学生可能存在的共性问题，进行有针对性的教学设计，做好线下教学的准备。

这一阶段属于浅层学习，学生通过线上自主学习，使知识结构得到初步的建构，同时学生利用丰富的互联网资源可以实现知识的积累，激发学习兴趣，为线下的学习做好准备。

（2）课中环节

课中线下环节是混合式学习的核心环节，该环节通过师生合作实现学生的能力培养和个性化的学习体验。在线下的教学环节中（图2-4），首先，教师依据课前学生的线上学习反馈对学生进行疑难的解答，搭建新旧知识沟通的桥梁，唤醒学生已有的图式，使学生更加容易接受新的知识。其次，教师通过设置学习情境，使学生在情境中通过合作学习、探究学习完成教师布置的活动，通过整合创新实现学习能力的培养，使学生得到个性化的学习体验。最后，教师引导学生对课前学习目标进行深入探讨和总结，形成写作成果，完成知识建构，并鼓励学生进行互评互鉴，使学生在师生、生生交流中进行知识的升华。

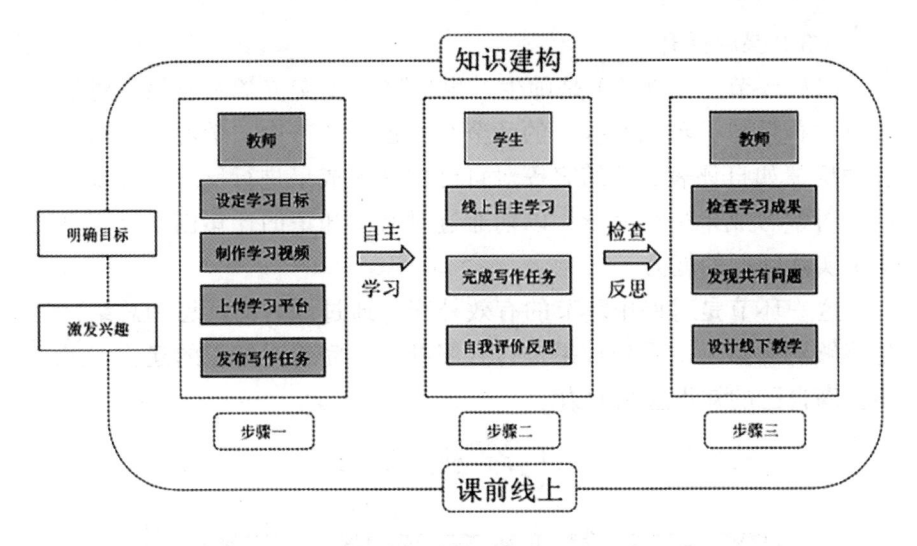

第二章
英语教学内容的建构与创新

图 2-3 课前线上学习

课中环节之所以如此重要，是因为它能沟通线上和线下，对于学生知识的学习起着承上启下的作用，同时也是学生能力提升的关键阶段。学生通过和教师面对面的交流，一方面能够及时解答疑难，促进知识迁移，另一方面能够通过项目式学习、合作学习等多种形式的学习活动，培养学生解决实际问题的能力。

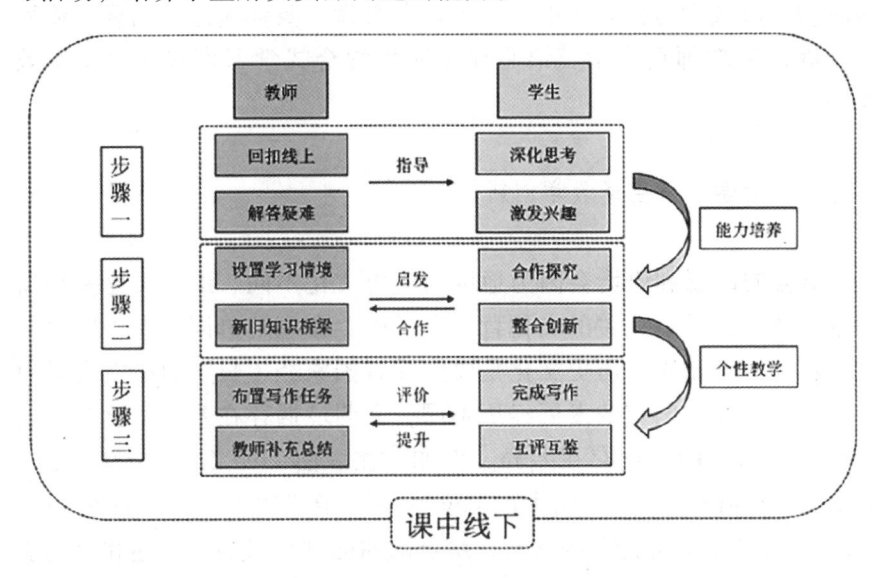

图 2-4 课中线下学习

85

（3）课后提升

课后环节（图2-5）是师生、生生进一步交流学习成果，对学习成果进行反思、巩固和提升的环节。在这一环节中，学习者可以使用各种反馈如自评表、总结表等对自己的学习成果进行反思，发现不足后，对学习成果进行完善，以期通过对所学知识的迁移创新提高自己解决实际问题的能力。

这一环节是对课中环节的有效补充，通过课后的反思和总结，学生能够对课堂上的写作成果进行查漏补缺，完善对知识的建构，进一步提高自己的知识应用能力。

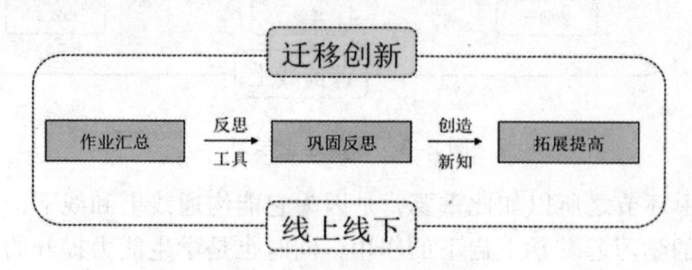

图 2-5 课后线上线下学习

综上，结合行动研究实践和所得数据，对混合式学习课前—课中—课后的三段式学习模式中的每一个环节都做了具体阐述，明确了流程和步骤，为教师在大学英语写作中应用混合式学习模式提供了有效抓手。

（三）大学英语翻译教学创新

语言的语意和语境会因为地区的历史文化不同、地域文化差别而发生变化，如果对相关的文化背景不了解，在理解单词或者语段含义上就容易出现错误。历史文化是民族或者国家经历长期的历史发展而形成的，民族和国家的发展经历不同，文明境遇存在差异，就会导致语言背后积累的文化存在差异。例如，在歌曲 *Viva La Vida* 中，One minute I held the key 一句中的 key 一般是指"钥匙"，而词组 hold the key 有"掌握关键"的含义，结合歌曲的创作目的是描述和展现法国国王路易十六的一生，这句歌词通常被翻译为"我曾经手握大权"，但考虑到历史上的路易十六本身是一名喜欢将制作锁具当作爱好的国

第二章
英语教学内容的建构与创新

君,此处的 key 显然就是指"钥匙"这一本意,是对路易十六爱好的描述,而非对"政权"或者"权柄"的暗喻。这种翻译的失误就是因为历史文化的差异,让译者对词句的理解出错,最终造成了翻译错误。不同的国家与民族都有自己特殊的历史环境,这些特殊历史环境又催生了独具特色的文化现象和历史典故,如果不能正确理解这些典故,那么翻译就无法诠释语言背后的历史含义,甚至可能造成对词义本身的错误理解。

另一种地域文化是基于地域环境和自然条件所形成的文化见解,因为生活环境和经历的自然生态差异,即使在相同事物上,各民族或者国家的群众也会有不同的见解,这种见解上的差异便是由地域文化造成的文化差异。例如,我国一般将"东风"理解为"春日之风",在中文语境下"东风"一般象征着万物的复苏和生机的焕发,如"江南二月春,东风转绿苹""东风驱冻去,万品破阳辉",这些诗句中的东风象征着新生。在英国等国家,由于地域和气候环境的不同,在这些国家的语境中"东风"一般指代冰冷的风,在作品中象征着肃杀和凄凉,如狄更斯的作品就写过 How many winter days have I seen him standing blue-nosed in the snow and east wind,此处的 east wind 显然并非和中文语境中一样,象征希望和新生,而是对冬日凄冷环境的描绘和映衬。不同的历史和地域造成了不同语言的文化差异,在翻译中,译者必须理解和重视这层差异,才能准确传达出语句的含义,完成文化上的交流。

1. 避免语用失误

语用失误是指翻译时忽略了两种语言的表达习惯或功能差异而造成的失误。具体表现在以下两方面:

一是要去掉或精简原文中的信息。例如,在描述某支纪律严明、协调性高的队伍时,中文一般会用"阵容整齐的团队"来描述,但如果翻译成 array of the team,那么原句中对团队的赞美和形容就无法体现,表现不出整齐雄伟的意境,因此可以翻译为 a team with a neat lineup 来完成对团队的修饰,体现团队的纪律性。

二是没有对素材中独有的文化现象进行专门的翻译。语言交流中蕴含了诸多历史元素,关系到很多地名、人名以及历史事件。在进行翻译之后,部分在某一国家或者民族中家喻户晓的历史事件对于外国人而言存在很大程度上的理解困难。

2. 避免语言失误

语言失误一般来说归结于文化性翻译偏差，属于译文中违背语言规范的问题。对于这一问题来说，首先是语言表达方式存在错误，比如长江的翻译 Yangtze River，如果前面使用冠词，并不明确是使用 a 还是 the，因此常常出现冠词使用不统一的情况。其次是拼写以及语法出现漏洞，由于中英文的语用习惯和语言逻辑不同，很多在中文语境下成立的语言在外语中却容易出现拼写及语法偏差。例如，"吃饭了吗？"这句话作为问句在中文语境中不需要给出主语就能让被问者明白其询问对象，但是在英语中，询问对方是否吃饭必须有明确的指代对象，因此该句要翻译成"Have you had dinner?"如果没有 you，那么这句话就属于语法翻译错误。因为文化背景和思维逻辑的不同，学生在翻译实践中必须站在翻译语种的角度考虑，如果不注重翻译语种的用语逻辑，就会导致语序不通。再如，如果将"军人使用过的手枪"翻译为 soldier pistol used 则存在明显错误，原文实际属于短语，手枪属于核心词，同时手枪属于可数名词，往往无法独立使用，需要在之前加 a 或 the，准确的翻译是 The pistol used by the soldier，这样的用词才算合理，若学生没有深入准确了解英文公示语的特征，在翻译过程中就会很容易产生用词不合理的问题。

第四节 英语文化教学革新

在当今全球化的背景下，英语文化教学扮演着至关重要的角色。它不仅帮助学生掌握语言技能，还为他们打开了了解世界、沟通交流的窗口。然而，传统的英语文化教学方法已难以满足现代社会的需求。因此，本节将探讨英语文化教学的革新途径，旨在激发教师和学生共同探索更有效的教学方法，以适应不断变化的世界。

第二章
英语教学内容的建构与创新

一、英语文化知识

"文化"（culture）这一词语意味着什么呢？它有多种意义。例如，人们认为那些能读会写的人，那些懂得艺术、音乐和文学的人是"文化人"。不同人对文化的理解有不同方式，每一种方式都或多或少有助于人们理解某个过程、事件或关系。遇到陌生人时，第一个被问的问题通常是："你来自哪里？"这主要是想了解这个人长大的地方或者是想知道这个人之前住在什么地方。人们下意识地认为在同一地方长大或生活的人说同样的语言，有很多相同的价值观，用相似的方式交流，换句话说，他们被认为具有相同的文化。有时人们甚至会认为文化是商品或产品，如玩具、食品、电影、视频和音乐，并且可以在国际上自由进出口。这些对"文化"印象式的理解不一而足。

实际上，在我国的古代文献中，"文化"两个字是分开出现的，"文"的本来意思为各种颜色交错，"物相杂，故曰文"，"天文"指自然规律，"人文"指人伦社会规范；"化"的本意是改变、变化之意。《说文解字》将"化"释为"教行也"，即改变人类原始蒙昧状态以及进行各种教化活动。从汉代开始，"文"与"化"连缀出现，"文化"与"武力"相对应，是动词，具有"文治教化"之意。近现代所讲述的文化，则为19世纪末自日文转译过来的。英文单词 culture，源于拉丁文动词 cultura，含有耕种、居住、加工、留心、照料等多种意思。随着时间的推移，culture 含义逐步深化，由对树木、作物等的培育引申为对人类心灵及情操的培养，从人类的生产活动，逐渐引向人类的精神领域。19世纪中叶以来，"文化"一词开始具有现代意义，并且随着人类学、社会学等人文学科的兴起，成了这些学科的重要术语。

（一）文化的定义

自从进入近代研究视野，"文化"这一概念在中外学术界不同学科领域曾出现上百种甚至更多的定义。美国描写语言学家爱德华·萨丕尔（Edward Sapir，1921）定义文化为一个社会的行为和思想。理查德·本尼迪克特（Richard Benedict，1930）认为真正把人们凝聚在一起的是他们的文化、共同的思想和标准。美国人类文化学家爱德华·霍尔（Edward T. Hall，1959）提出："文化是人类的媒介。人类生活的方方面面都受到文化的影响和改变。这意味着人的个性，表达方式（包括情感的表现），思考方式，行为方式，解决问题模式，所居住城市的规划和布局，交通系统的运行和调度，以及经济和行政系统如何组建和运行都受到文化的制约。"人类学家克拉克洪（Clyde Kluckhohn，1965）认为就文化而言，人类学意味着一个民族的整体生活方式，即个人从他的群体中获得的社会遗产，或者文化可以被看作人类创造的环境的一部分。英国语言学家布朗（H. D. Brown，1978）则这样来看待：文化是生活在特定地理区域的人们或多或少共同拥有的信念、习惯、生活方式和行为的集合。

此外，柯恩（R. Kohls，1979）认为文化是指特定人群的总体生活方式。它包括一群人想的、说的、做的和制造的一切。文化学家罗伯逊（L. Robertson，1981）的观点是每个社会的文化都是独特的，包含了其他社会所没有的规范和价值观的组合。

文化定义的多元化说明文化确实是一个庞大且不易把握的概念，虽然各有侧重，但这些解读和界定都解释了文化的一个或几个层面。

（二）文化的分类

由于文化具有多样性和复杂性，因此很难给文化下一个明确清晰的定义，对文化的分类也是众说纷纭、不尽相同。我们从一个侧面来看文化的分类，文化也可以理解为满足人类需求的一种特殊方式。所有人都有一定的基本需求，如每个人都需要吃饭和交朋友等等。心理学家亚伯拉罕·马斯洛（Abraham Maslow，1908—1970）认为，人都有五种基本需求：

第一，生理需求，这是人们赖以生存的基本需求，包括食物、水、空气、休息、衣服、住所以及一切维持生命所必需的东西，这些需求是第一位的。人们必须满足这些需求，否则人们就会死掉。

第二，安全需求，首先人们得活下去，然后人们得保证安全。安全需求有两种，身体安全的需求和心理安全的需求，这就是为什么现在各种保险项目越来越受欢迎。

第三，归属感需求，一旦人们活着并且安全了，人们就会尝试去满足人们的社交需求，即与他人在一起并被他人接受的需求，以及属于一个或多个群体的需求。例如，对陪伴的需要以及对爱和情感的需要是普遍的。

第四，尊重需求，这是对认可、尊重和声誉的需求。努力实现、完成以及掌握人和事务，往往是为了获得他人对自己的尊重和关注。

第五，自我实现的需求，人的最高需要是实现自我，充分发挥自己的潜力，成为自己可能成为的人。很少有人能完全满足这种需求，部分原因是我们太忙于满足较低层次的需求。

根据马斯洛的理论，人们按上述的顺序满足这些需求。如果把这些需求从低到高比作金字塔的话，人们在攀登金字塔时总是先翻过第一层才能爬上第二层，通过第二层才能到达第三层，以此类推。尽管人类的基本需求是相同的，但世界各地的人们满足这些需求的方式各不相同。每种文化都为其人群提供了许多满足人类特定需求的选择。

文化的分类在一定程度上也契合人类需求的这五个层次。美国翻译理论家尤金·奈达（Eugene Nida）将文化分为生态文化、物质文化、社会文化、宗教文化和语言文化；英国学者彼得·纽马克（Peter Newmark）则把文化分为生态类、物质文化、社会文化、组织类、手势与习惯等几类。我国学者陈宏薇将文化分为三类，分别是物质文化、机构文化与精神文化。中外研究者根据不同的标准提出了自己对于文化的分类，既有共时、历时的分类，也有学科视角的分类，这几种分类方式均有可借鉴之处。

另一个形象的类比是将文化比为冰山，认为每种不同的文化就像一个独立的巨大冰山，可以分为两部分：水平面以上的文化和水平面以下的文化。水平面以上的文化仅占整体文化的小部分，约十分之一，但它更可见，有形且易于随时间变化，因此更容易被人们注意到。水平面以下的文化是无形的，并且难以随时间变化。它占了整个文化的大部分，约十分之九，但要吸引人们的注意力并不容易。水平面以上的文化部分主要是实物及人们的显现行为，如食物、衣着、节日、面部表情等诸如此类人们的说话习惯和生活方式，也包含文学作品、音乐、舞蹈等艺术的外在表现形式。水平面以下的文化包含信念、价值观、思维模式、规范与态度等，是构成人的行为的主体。尽管看不到水平面以下的部分，但它完全支撑了水平线以上的部分，并影响了整个人类的各个方面。

二、大学英语文化教学存在的问题

(一)教学内容单一

在教学过程中,教师可能只关注表面的文化现象,而未能深入挖掘其背后的历史、地理、民族等文化背景,学生难以全面了解和理解相关文化。教学内容中缺乏对不同文化之间异同的比较和分析,学生难以理解多元文化背景,影响其跨文化沟通能力的培养。部分英语文化教学忽视了实践环节的重要性,学生在课堂上学到的知识和技能无法得到充分的实践和应用,影响其实际跨文化沟通能力的提高。

(二)教学方法陈旧

部分英语文化教学仍采用传统的讲授方式,教师在课堂上进行知识灌输,学生处于被动接受地位,缺乏主动性和积极性。在教学过程中,教师与学生之间缺乏有效的互动和交流,学生难以将所学知识应用于实际,影响其实际跨文化沟通能力的提高。此外,部分教师未能充分利用现代教育技术(如多媒体、网络等)丰富教学手段和内容,导致教学效果受限。

(三)教师文化素养不足

部分英语教师对于使用英语的国家的历史、地理、文学、艺术等方面的知识掌握不够全面,这影响了他们将文化教育融入英语教学的能力。还有一些教师未能充分理解文化教育在英语教学中的重要性,忽视了对学生跨文化意识和能力的培养。

三、大学英语文化教学创新

英语教师应该努力培养学生的跨文化交际能力,具体来说,可以通过如下途径实现。

第二章
英语教学内容的建构与创新

（一）文化比较和剖析

跨文化交际能力的培养是为了在全球化背景下帮助学生更好地进行文化交流和输出，教师可以借助工作之便与其他学科的教职工进行跨学科合作，如和历史、音乐等学科专业的教师沟通交流，了解在中国历史和文化事业的发展中有哪些本土文化辐射国外并影响到国外人文形态的例子，并将其引入课程。例如，在教 *Bill Gates in his boyhood* 一课时，教师除围绕 Bill Gates 的童年经历向学生进行讲述和讲解外，也可以适当加入一些我国近当代史上知名度较高的名人故事，让学生在解读国外名人传记的同时，也能了解到中国近当代人物的著名事迹，并通过对比国外名人和国内名人的成长差异及最终成就，挖掘出东西方文化的观念差异所在。

同时，教师可以挑选一些典型的案例，如"天堂寨风景区"，国内翻译成 Tian Tang Zhai 或者 Tian Tang Zhai Seenic Fort，并未按照词语逐句翻译成 Heaven Village，这样做是为了有效规避东西方宗教文化的差异，从而防止外国人觉得景点属于带有宗教性质的地方。又如中国龙，在英语中翻译成 loong，而非 dragon，这是因为在西方神话传说和中国神话传说中，"龙"的象征意义不同，中国龙在中国神话中一般指代神灵和各种祥瑞，代表了美好的意蕴，而西方神话中，龙是强大、邪恶的生物，其本身的生物性也要大于神性，因此另创词语有助于读者区分。

（二）文化输出方式的授予

传统教学中，教师大多关注如何引导学生在英语环境下使用英语语种开展信息交流和分享，但是随着新时代我国对文化事业的建设力度加强，对提升国家软实力的要求增高，在打造文化自信的教育大背景下，英语被赋予了更多的意义，教师的教学内容也要做出相应的改变。文化输出是扩大文化影响力的关键，要让中国的本土文化传播到国外，传向全世界，让全球民众走近中国文化，认识中国文化，这就需要利用好英语这一国际语言,将其转变为输出中国本土文化的载体，通过英语交流，将中国的特色文化传播到世界各地，让中国的国际地位和影响力更上一层楼。

鉴于此，教师在高校英语课堂中就不能只关注培育学生的英语思维，更要关注帮助学生掌握应用英语进行文化输出的技巧和方法。语言作为文化交流工具，其应用形态的差异决定了文化传递的差异，学生在学习英语的过程中，要结合英语和汉语的区别，重点把握英语的特点，了解英语对各种文化概念的阐述和解读方式，然后通过合理的语言思维转换，正确将中国文化以英语形式展现出来，为自身的文化输出践行做好铺垫。

教师可以为学生布置相应的作业，如安排学生尝试用英语撰写中华五千年历史的简介，并对一些汉语的专用词汇，如"天命""法统""偏安"等进行仔细地思辨，用网络检索学术文献或者同学之间互相讨论的形式敲定汉语专用名词在英语语境下的替代方式，以此来锤炼学生的多重文化语境转换能力，培育和加强学生借助英语输出本土文化的能力。教师还可以让学生就日常语境下的汉英用语加以对比，分析在汉语环境和英语环境中人们进行信息交流的趋同点和差异，从中抓住文化元素输出到不同文明体系时文化符号形态变化的关键点，让学生自己对如何借助英语输出本土文化，如何通过英语知识的丰富强化自身的文化输出能力积攒丰富的经验，强化大学生利用英语向国际输出本土文化的能力。

第三章

英语教学要素的改革与创新

在当前全球化和数字化的时代背景下,英语教学也需要不断进行改革和创新,以适应社会发展的需求。学习方式、教师素养、教学模式、教学资源、教学评价手段等是英语教学改革与创新的关键要素。教师应积极应对挑战,不断探索和实践,提高教学效果和质量。

第一节 改变学生学习方式

一、自主学习方式

(一) 主动模式

ICAP 框架为教学者提供了一种可操作的分类系统，这种分类系统基于学习者的外显学习行为表现将其认知参与程度进一步细化为四种不同的模式类型，如表 3-1 所示。

表 3-1 ICAP 学习方式分类框架

Interactive 交互模式	Dialogue in which learners produce a joint output containing unique contributions from each participant 学习者产生共同输出，其中包括每名参与者的独特贡献	· Have two-way discussion with others 与他人进行双向讨论 · Build on contributions of others 借鉴他人的贡献 · Critique alternative views when constructing own view 在构建自己的观点时批判其他观点
Constructive 建构模式	Learner produces an output that contains information beyond what was already provided to them 学习者产生超量输出，即学习者产生的信息超出已提供给他们的信息范围	· Taking lecture notes in own words 用自己的表达方式做笔记 · Self-explanation 自我阐释 · Written explanation 文字阐释 · One-sided verbal explanation 单方面口头阐释

续表

Active 主动模式	Learner is doing something physically 学习者表现出身体力行的学习行为	· Asking a clarification question 提出说明性问题 · Taking lecture notes verbatim 逐字记录讲座笔记 · Highlighting or underlining text 对文本进行突出标注或下画线 · Gesturing or pointing 做出手势或指向某处 · Manipulating an object 操纵一个物体
Passive 被动模式	No explicit physical activity on the part of the learner 学习者没有表现出显性的身体力行的学习行为	· Observing lecture 观看讲座 · Reading text 阅读文本

主动模式的描述性特征是操作性（Manipulating）。在主动模式下，学习者会主动表现出外显的身体力行的学习行为。例如，在观看学习视频时暂停、快进或倒带，通过手势指向正在阅读的材料，在学习材料上突出学习内容并做笔记等。值得注意的是，该阶段的学习者并不会产生任何新的信息，在教材上划线等外显行为只是强调学习者在通过自我驱动的方式主动地集中注意力并积极地参与到知识的获取和处理中。此时，相关的先验知识在学习者的大脑中被激活，使其在随后的情况下更容易被检索。通过操作性学习行为，学习者可以巩固和加深对旧知识的理解，同时也能够提升思维认知的深度。在主动模式下，学习者的思维方式更多地展现出探索与尝试的特性。

（二）学生自主学习能力的培养

自主学习是与传统的接受学习相对应的一种现代化学习方式。首先将自主学习引入外语教学的概念是霍莱克（Henri Holec）。他把自主学习定义为"能够负责自己学习的能力"（The ability to take charge of one own learning），即确定学习目标、确定学习内容和进度、选择学习方法和技巧、监控学习过程、对学习的评估，通过不断强化"五种能力"，可以提高学生自主学习能力，最终养成良好的学习习惯。

自主学习分为被动学习与主动学习，当学生采取被动学习的方式时，不管外界加码多少作用力，但在学习效果上依然欠佳；而如果学生能够主动学习，往往安排的学习内容会事半功倍。提倡学生自主学习能力的培养，就是要把大学英语教学的重心从教师"如何教"变为学生"如何学"，而这并不意味着英语教师的作用和责任减弱，反而对英语教师的教学策略和方法运用提出了更高要求。英语教学不再是简单的知识传授，而是更多地关注受众的需求，要从学习者的角度思考问题，教师不光要研究教材、认真备课，还要努力学习，不断掌握先进的教学理论，更新自身的知识图谱，善于运用学生喜闻乐见的方式，如利用思维导图、百词斩等新型教学辅助工具，在充分考虑学生的个体差异和学习特点的基础上，因人而异地制订教学计划和组织教学，并将课堂教学与生活体验结合起来，让学生在互动参与中体验英语学习的快乐，找到自我学习、自我提高、自我完善的重要性，从而把大学英语教学与自主学习能力培养有机结合起来。

（三）学习策略教学与自主学习的关系

在外语教学和自主学习的过程中，学习者的任务就是在认知过程中采取有效的策略尽快掌握目的语的语言知识和技能，使之能够熟练运用语言技能，为自己的学习生涯加分添彩。

1976年，由唐·柯克帕特里克（Donald L. Kirkpatrick）提出的四级评估模型，将培训效果分为四个递进的层次：反应层、学习层、行为层、效果层，系统全面地介绍了培训的相互关系，也从更多维的视角分析了学习评估的重要性。作为大学生，他们已经掌握了部分英语学习技能，具备相应的英语知识基础和英语学习技巧。但是，由于受传统教学模式的影响，大学英语的学习仍然以语言知识为主，忽视了英语交际能力的培养，造成语言实际运用效率低下，无法达到理想的效果。在实际教学过程中，学生的学习大多是在执行教师的指令，是缺乏规划、无意识的学习，容易造成照本宣科的灌输式培养，学生也养成一种被动式接受的习惯，没有真正入脑入心。因此，大学英语教学应该将教学实践重点放在培养学生运用学习策略和培养自主学习的能力方面，通过抓好具体的教学环节来强化学习成效，训练学生快速提高获取英语知识的能力，及时找出自己学习过程中遇到的各种问题，引导学生不断审视自己的学习过程，并善于在生活和学习中运用和强化，从而不断提高英语学习的自主能力。

教育学家从20世纪60年代开始倡导自主学习。1971年，欧洲成立了自主学习中心，其宗旨就是培养学习者的独立自主学习能力。通过自主学习的发展历程不难看出，在当代快节奏的环境中，各类群体都特别注重提高自主学习能力的培养，只有不断地吸取新鲜知识，才能让自己变得更加优秀。因为随着时间的推移，知识的迭代速度非常快，只有具备内驱力的人才能适应快节奏的生活，只有快速处理各类纷杂的信息，筛选出对自己有用的知识并加以消化吸收，才能真正学以致用。大学生自主学习能力的培养与提高更是一个渐进与持续的过程，必须养成坚持不懈的学习态度，才能培养良好的学习习惯，使自己汲取更多的知识与营养。

（四）学习策略教学与学生自主学习能力培养的实施方法

1. 培养策略意识

在正常的外语教学中，只有充分调动学生的主观能动性，使其愿意学习并积极主动地想办法学，才有可能达到理想的效果。教师对于学生的学习成效不能简单地通过分数来评估，应该更全面地了解学生的需求，营造宽松的教学环境，培养学生的策略意识，让学生体会到英语学习的乐趣。在英语教学过程中，应充分发挥课堂教学的优势，合理地选择教材和运用教学方法,通过教学互动来调动学生的积极性，采取课内讲授与课外实践相结合、线上教学与线下教学相结合，由教师指导学生学习与自主学习相结合，让学生在具体学习过程中找到学习的感觉，增强学习带来的愉悦感和成就感。随着教学任务的转换，教师应通过分析学生的具体情况，结合不同阶段的学习任务，指导学生运用不同的学习策略，养成个性化的学习习惯，防止教学出现"两张皮"现象。只有从具体的教学大纲中找准学习目标，有意识地引导并训练学生知道为什么学，学习什么以及怎样学，才可以帮助学生完成自己的学习目标和建立良好的习惯。学习是一个持续的过程，不可能一蹴而就，只有找准适合自身的学习策略，有目的、有计划、有结果地学习，才能达到理想的学习效果。

2. 开发学生主体、教师主导的师生协作学习模式

班森（Benson）认为自主学习应该是 more interdependent than dependent，学生自主学习能力的培养与教师的具体指导息息相关，必须贯穿于教与学的全程。教师应当充当学习策略的引导者，而不是学习计划的制订者与执行者，具体的学习策略必须依靠学生自身去摸索和实践，学生只有在教师教学过程中找到学习的方法，并善于归纳自己的学习特点，才能达到最佳的应用效果。许多学生英语学习的过程为：预习（背诵单词）、课堂听讲（听老师讲解、记笔记）、课后复习（书面练习、知识巩固）等。这些传统的学习方法虽然无可厚非，但是真实的效果却有待商榷，教师其实更多是充当咨询者的角色，在学生遇到困惑时给予援手，可以调整学习程序：通读课文（重点放在掌握文章大意与结构）、阅读理解练习（多项选择与判断正误）、背单词、习语，做课本上对应的单词、短语、语法练习（为课堂互动做准备）、课后梳理与总结（归纳知识点），通过课堂重点把握、课后巩固练习，反省内化学习策略，同时利用各种时机将语言进行输入和输出练习，增强书面学习与口语交际的转化练习，实现新旧知识的转换与衔接，从而实现专业素养和学习效能的不断提高。

3. 利用互联网资源延伸课堂进行自我学习

随着人工智能的不断发展，基于仿生学、认知心理学、经济学算法等交叉学科的不断发展，许多制造业已大量运用人工智能作为辅助工具，使得人工智能的研究深度和广度突飞猛进。ChatGPT 的横空出世更是引发了人工智能的全球热议，作为现象级的全新应用更是场景多元，特别对于教育行业冲击巨大，以往不受重视的线上授课模式被解构，这也给远程教学与学习行为提出了全新机遇和挑战。在教育技术应用方面，ChatGPT 颠覆了许多人的印象，其全新的人机对话功能和多元化的应用场景设定，让人觉得耳目一新，许多人机对话解答内容非常具有逻辑性，其强大的功能延伸足以令世人惊叹。当下，随着新的媒介和运用软件层出不穷，教学内容更新与迭代的趋势不可逆转，信息传递的模式和效率呈现多元化趋势，使整个教学环境发生了巨大的变化。在这种大环境下的英语学习关键在于使学生激活思维，接受新事物的冲击，善于运用新方法去解决学习中的疑难问题，从而使学

习过程更加符合自身需求。特别是逻辑推理的软件不断迭代，其许多功能被广泛运用，学生在自主学习过程中，需要懂得利用身边资源，最大限度地发挥软件的辅助功能，但也不必完全依赖软件生成的答案，而不主动去学习和归纳，那样只会适得其反。此时，教师应该根据学生所遇到的问题有所侧重地进行沟通解决，注重引导学生使用各种教学工具和资源，同时要防止学生出现自主学习经验不足、自律性不够、注意力不集中等问题。教师可以提供不同于网络知识解答的视角，指导学生通过头脑风暴寻找不同答案，寻求更多解决方式。在此过程中，教师只是扮演信息提供者的角色，提供一些参考书目和视频链接，让学生独立思考并解决实际问题，帮助学生形成自主学习的良好习惯。

二、深度学习方式

当今世界正在经历百年未有的大变局，传统的教学理念和学习方式已然无法适应社会的快速发展。高校作为人才培养的主体力量，亟需以新型教育方式探索高水平人才培养模式，强化人才的培养质量。"深度学习"作为近些年兴起的教学理念，为新时代中国教育改革发展提供了新路向，对于全面提升课堂教学质量及培养担当民族复兴大任的时代新人具有重要价值。

相较于传统的片面强调知识技能的"认知型学习"，"深度学习"侧重于发展学生的高阶思维、实践创新、人际交往等能力，以培育学生核心素养作为教学目标追求，改变了以往对学习效果评定的固化认识，推动了高等教育的改革创新。但深度学习的发生并不是一蹴而就的，"形"似而"神"不似成为目前困扰深度学习实现预期教学目标的瓶颈，高校在深度学习的理念贯彻中仍存在诸多困难：（1）教学目标层面，部分教师对"知识技能""过程方法""情感价值"三维目标理解与把握欠佳，偏离实践的教育内容和范式，尚未做到"知行合一"；（2）教学方式层面，部分教师倡导自主、合作以及探究学习等理念，但对各个教学理念认识存在误区，片面追求形式的多元及环节的多层，从而影响学生学习体验；（3）教学内容层面，教师对教学内容缺乏深层次、多维度的解读，学生难以捕捉到知识间的联系，致使其难以在复杂情境中解决问题。因此，高校英语教学应以先进教育思想为指引，以教学改革实践为抓手，克服学术与实践的严重脱节，高效促进学生的英语深度学习，推动复合型人才的不断涌现。

鉴于此，案例行动学习法作为创新型教学模式构建了真实连贯的学习场域，为深度学习的发生提供现实条件，促使学生角色由被动接受者转变为主动创造者，学习模式由孤立变交互，思维由低阶变高阶，跨越理论与实践的鸿沟，满足新时代对高素养人才培养的诉求。

（一）深度学习

教育领域深度学习指向理解性学习，注重知识理解的广度和深度。现有研究主要从方式取向、过程取向、结果取向三个视角对其内涵进行探讨，均强调"深层理解""迁移应用""批判学习"等。基于深度学习内涵的不同解释，课堂教学过程中诸如自我调节、动机、投入等个体因素，生生交互与师生交互等行为因素以及环境因素将干扰效果达成。在教学策略方面，教师通过批判性的学习问题、交互性的学习过程、真实化的学习情境等促进深度学习的发生，解决传统教学模式下师生交流互动缺乏、学生投入度较低、学习效果欠佳等问题。在教学模式方面，构建以深度学习为结果导向的高校翻转课堂教学模式。在教学评价方面，已有研究主要围绕学生的深层理解、认知复杂性以及技术支持的表现性等通过学习与认知过程问卷或学习技能量化表评估学习效果。

（二）案例行动学习法

随着企业界与理论界对人才质量的更高要求，当前情境教学模式虽具备"解构、激发、生成"的深度学习效果，但在限制性的教学时间内无法实现充分知识覆盖，致使教学效果受限，难以触及知识的本质规律及方法。因此，学者融合继承案例教学和行动学习等主流情境教学模式在人才培养上的优势，提出"案例行动学习法"。现有研究发现，案例行动学习法的特征与深度学习的发生条件高度契合。案例行动学习法以高水平的决策型微案例为载体，引领学生基于真实情境的实践提升学习效果，创造深度学习发生的客观条件。案例行动学习法以含有真实而典型的决策问题作为教学活动起点，转变学生被动的学习方式；以学生为主导的协作互动为核心，以教师的引导协助为依托，实现深度学习的有效发生；以学生提出可操作性的解决方案为结果，以迁移反思为延伸，保障深度学习的目标达成。就价值逻辑而言，案例行动学习法梯次实现缄默知识在高度情境化下的理论验证与应用，克服传统知识单向传授的弊端，培养学生的多维能力与素养，与深度学习培养创新人才所追求的"深度"与"高度"不谋而合。但作为创新型情境式教学模式，案例行动学习法的内涵结构、建构机理、价值逻辑等研究尚处于表层理论，仍需继续探讨教学的实践应用及有效性，挖掘其促进深度学习的实施条件。

（三）案例行动学习法：深度学习的实施路径

本部分内容以认知心理学、情景认知、具身认知等为理论基础，引入"输入—过程—结果"分析范式，构建深度学习"因素分析—行动研究—目标达成"的系统化理论模型，如图3-1所示。在输入层，发现个体、行为和环境相互作用，共同影响学生的深度学习，其中个体维度包括自我调节、学习动机与学习投入；行为维度包括学生与内容、教师、学生交互；环境维度包括教学资源、课程设计及课堂氛围。在过程层，深度学习的发生经历"预评估—激活先知—获取新知—知识加工—知识评估"五个阶段。在结果层，深度学习最终指向文化基础、社会参与和自主发展三个方面，有助于个体成长及适应社会要求的素养生成。

1. 因素分析：案例行动中深度学习的输入分析

案例行动学习法通过剖析问题为学生提供实践和感悟问题的情境，以问题的完成结果验证和总结教学活动。课程任务作为深度学习的驱动因素，引导学生进入学习情境，促使学生个体、行为与环境间不断交互，推动学生积极建构探究、实践、思考、运用、解决的深度学习体系，如图3-2所示。

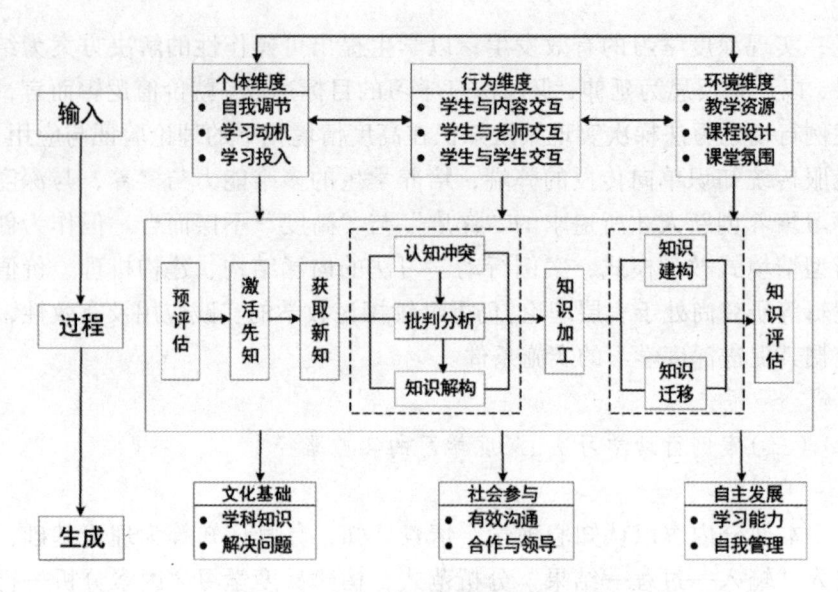

英语
教学的多维体系建构及创新研究

图 3-1 深度学习的系统化理论框架

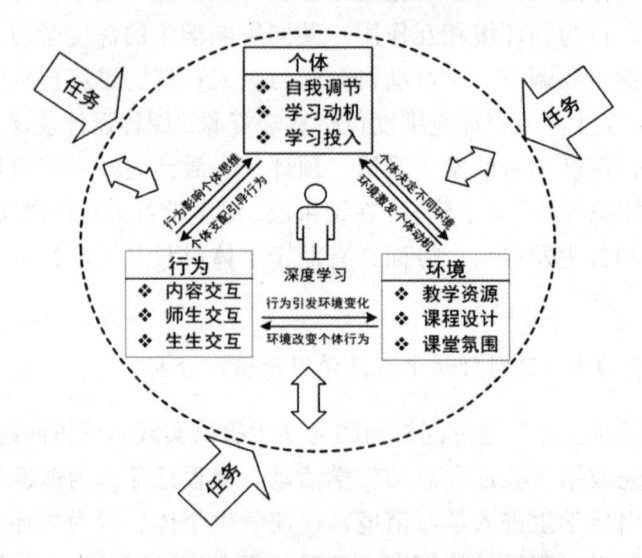

图 3-2 案例行动中影响深度学习的交互模型

个体维度包括自我调节、学习动机与学习投入。自我调节是个体从浅层学习向深度学习攀爬、转化的心理机制，主要指学生在监控自身行为中自主调节自身的情绪、行为及思维方式，以此保持高效的学习状态。学习投入作为深度学习的关键因素指代学生在执行活动时行为的卷入程度、情感体验的质量以及认知策略的运用水平，决定学习者的专注力、积极性与知识获取的完整度等。学习动机则是学生在自我调节的作用下协调内外部动机，形成激发、维持学习行为的动力，致使行为朝向一定的学习目标，保障深度学习的实现。

行为维度包括学生与内容、教师、学生交互。学生与内容交互的实质是学生将课程内容与知识建立联系的过程，其在集中学生注意力、引发学生思考等方面发挥一定作用，对于提高学生的情感、行为及认知投入具有积极效应，具体包括观看视频、阅读案例、搜索资料等活动。学生与教师交互即教师通过问题链与学生互动，及时对学生监督、指导与反馈，引导学生进行有意义学习；而学生则在交互的过程中感知教师的关注、鼓励与支持，提高对课程的归属感，降低注意力失焦、课堂参与率低等消极行为频率。学生与学生交互即学生通过将已有观点与思维逻辑放在群体层面进行反复碰撞，形成相互依赖的组织结构，降低孤独、沮丧、自我质疑等消极情感。

环境维度包括教学资源、课程设计及课堂氛围。案例行动中的教学资源主要涉及案例素材及教师专业能力，合适的教学案例能够有效调动学生的积极性，达到特定的教学目标，培养学生的综合素养；而具备专业知识体系及驾驭案例讨论的教师可以合理引导学生、启发学生，提升课堂教学质量。在此基础上，教师必须针对不同教学情境与学生特征进行不同的教学设计，以便有效把控课堂节奏，确保教学活动的顺利开展。此外，协同建构是案例行动学习法的核心环节，因此课堂氛围是提升课堂效果的有力支撑。良好的课堂气氛能够给予教师和学生愉悦氛围的刺激，使师生双方在教学过程中实现情感交融，充分激发师生潜能。

2. 行动研究：案例行动中深度学习的过程阐述

案例行动学习法以"是什么""为什么""如何做"为主线，将发现、探究、反思等活动贯穿于课堂全过程，通过反复迭代实现深度学习目标。本部分依据深度学习的发生路线，将其划分为导入、开始、深化、评价四个阶段，如图 3-3 所示。

（1）深度学习的导入阶段。预评估与激活先知是深度学习的导入阶段。学习是在原有知识经验基础上展开意义建构的过程，因此需要做好案例的选择与准备，使之与学生现有的知识经验和个性特征相匹配。教师应首先对学生的特征、个体差异、已有认知基础等进行摸查，依据预评估结果制定培养高阶思维的课程目标，确定具有挑战性的教学案例及合理的教学环节。其次，在正式上课前把联结学习情境的多维知识素材提供给学生，以引发认知冲突的决策性问题链激发学生的深度学习动机。最后，由学生自主结合原有经验及现有资料了解情境、走入情境，形成自己的知识认知观，产生"学生与内容的交互"。学生在个体认知指导下通过自主探究的过程批判性地将新知与原有认知结构相关联，通晓解决问题所必须知道的事实性知识，提升学生的自主探究能力，培育以知识激活和积淀为核心的知识素养，为深度学习带来启动效应。

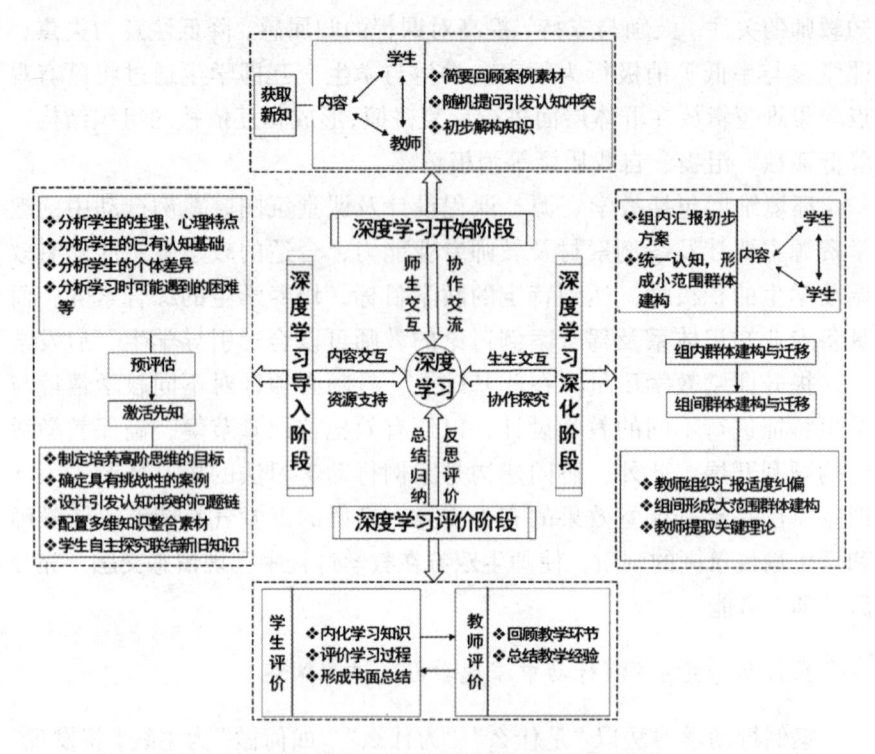

图 3-3 案例行动中深度学习的过程模型

（2）深度学习的开始阶段。获取新知是深度学习的开始阶段。学生经过新旧知识联结后仍处于浅层学习状态，还需主动建构新知。教师首先借助多种手段带领学生简要回顾案例，以便学生厘清新旧知识间的关联，使认知结构具有连续性。其次，围绕事先设定的问题通过随机提问的方式让学生陈述观点，营造具有挑战性、趣味性的课堂氛围。通过师生间的深度交流，建立"师生共同体"，指引学生对外界所提供的信息进行整合和选择性知觉，提取新知识的关键特征，纠正课前个人思考存在的认知偏差，构建创造共享的水平关系。随着与复杂多变情境的主动互动，学生在个体认知指导下对知识的体悟更真实，最终形成概念性知识，拓展学生发现问题的思路及分析问题的能力，培育以批判质疑和勇于探究为核心的科学素养。

（3）深度学习的深化阶段。知识建构与迁移是深度学习的深化阶段。获取新知后，学生需对知识充分理解以应用到真实情境中完成知识的再生与迁移。教师首先要充分发挥主导作用，遵循"组内异质、组间同质"的原则，通过群体动力引导学生从知识的逻辑架构、规则定义到实践应用，在迭代完善中实现知识与能力的小范围群体构建。其次，鼓励学生以多样化形式展示集体成果，在选择性追问下适当纠偏，引领学生凝练出创新性的核心观点，帮助其将知识逐步转化为可操作性的技能，实现知识与能力大范围的群体建构。学生通过组内与组间的建构迁移，建立"生生共同体"，形成解决问题所需的程序性知识，使得协作学习、问题决策等能力得以训练及发展，培育以责任担当、实践创新为核心的社会素养。最后，教师从解决方案中提取关键知识点及理论，及时将最切中要害的知识点从模糊概念中剥离出来，至此，学生已基本完成知识的深度加工。

（4）深度学习的评价阶段。知识评估是深度学习的评价阶段。深度学习的评价帮助学生形成连贯式的深度理解，强调反馈的过程性和反思感。教师评价即对教学环节展开自我评估，总结教学过程中的经验、教训，以便教师持续地构建教学内容与技巧等知识与能力，提升教学效率与质量。学生评价即围绕学习内容将分析及解决问题的思路再次梳理且形成书面总结，帮助学生进一步内化知识、拓展知识体系，形成个体所存储的任务、活动、经验等元认知知识，提升学生归纳综合、课堂评价的能力建构，培育以学会学习、自我管理为核心的自我素养，由量变到质变保障深度学习的效果。

3. 目标达成：案例行动中深度学习的结果表征

"案例行动学习法"作为整合式情境教学模式，在能力活动的过程中形成知识、能力和素养的交互协同，促进学生核心素养的生成。知识是能力发展和素养提升的基础，案例行动学习法对学生进行一系列推动，从知识的输入建构到简单变式应用，再到复杂问题解决，经历"事实性—概念性—程序性—元认知"的知识转变，实现了知识的结构化到程序化，再到稳定的素养化。

能力是知识发挥作用的实践条件，案例行动学习法通过学生自主的学习理解到协作的应用实践，再到自我的反思总结，促进学生"自主探究—分析问题—协作学习—决策问题—归纳综合—课堂评价"的能力建构。素养提升是知识与能力升华的结果，学生在知识搭建、能力提升的基础上实现"学科知识—科学精神—责任担当—实践创新—学会学习—自我管理"的素养培育。具体表现为：课前导入阶段，学生在个体认知指导下通过自主探究的学习过程通晓解决问题所必须知道的事实性知识，促进学生自主探究的能力建构和以知识激活及积淀为核心的素养培育。课堂深度学习阶段，在案例分析情境模式下，学生通过交流互动的学习过程调整个体认知，形成较为组织性的概念性知识，促进学生分析问题的能力建构和以科学精神为核心的素养培育。在案例决策情境模式下，学生在群体认知指导下通过团队学习过程建立认知思路，形成解决问题所需步骤的程序性知识，促进学生协作学习与问题决策能力的建构和以责任担当、实践创新为核心的素养培育。课后总结阶段，学生在新认知指导下通过内化知识与自我评估，从更高层次审视自己的思想和行为，实现知识的素养化，获取与任务、活动、经验等有关的元认知知识，促进学生归纳综合、课堂评价的能力建构和以学会学习、自我管理为核心的素养培育。

第二节 提升英语教师素养

2020年，教育部高等学校大学外语教学指导委员会发布的《大学英语教学指南（2020版）》（以下简称《指南》）中强调，作为一门在高校广泛开展的公共基础课，大学英语是大多数非英语专业在大学必修的课程，它在我国高等教育课程体系中占有举足轻重的地位。本次发布的《指南》也首次对大学英语教师队伍建设提出了要求和建议。从环境上，建议各高校重视教师队伍建设，提供相应的政策和经费保

第三章
英语教学要素的改革与创新

障；从人员结构上，建议优化大学英语教师队伍结构，系统提升大学英语教师队伍的实力和竞争力；从发展方向上，建议建立和完善大学英语教师培训体系，加强对大学英语教师职业生涯的规划指导。此外，也对大学英语教师提出了新的要求，鼓励教师主动提高职业素养，适应我国高等教育发展对人才培养和大学英语教学所提出的新需求。鼓励教师提升育人素养、学科素养、教学素养、科研素养和信息素养。高校应按照《指南》要求，重视大学英语教师职业素养发展，建立相应机制，确定有效策略，打造良好环境以保障教师职业素养的全面提升。教师个人也应意识到职业素养对个人职业发展的重要性，积极主动提升各项教育教学素养。

一、育人素养的提升

育人素养要求教师在教育教学过程中始终将立德树人放在首要位置。大学英语作为大多数高校学生在大学必修的课程，作为通识教育的一部分，除语言知识和技能外，还应当承担起思政教育的责任。大学英语教师在讲授英语课的同时应起到价值引领的作用，通过大学英语课使学生增进文化领悟、树立文化自信。

教育管理部门和学校应有针对性地组织开展相关培训，系统化地为教师提供开展课程思政教学的指导。教师自身也应积极参与教育管理部门和学校组织的相关培训，关注党的方针政策，关心高校教育发展情况，提升自己的思政育人意识。

大学英语所在的课程组或系部可以组建思政教学研究团队，集中力量研究制定融入课程思政的教学大纲、教学计划和教学方案，通过说课、公开课等方式分享课程思政典型课例。同时，可以跨部门与思政教师组建课程思政教学团队，加强教学研讨和合作。此外，英语教师可加入课程思政云教研团队获得更多共享资源,定期开展专家讲座、主题分享、教案共建等活动，有助于大学英语教师有针对性地进行课程思政育人。

在教学过程中，英语教师可以结合项目活动，在教学中探究中国文化，增强用英语传播中华优秀文化的能力。英语教师也可以利用国外传媒报道作为授课素材，一方面学习语言知识和练习阅读技巧，另一方面启发学生进行批判性思考，增强学生的判断能力，吸收国外的优秀文化，树立文化自信。

在课程思政教研、授课的同时，大学英语教师也可以与学生社区、辅导员等建立共建关系，了解学生动态，有针对性地开展教育教学。教师需要全方位、多角度地了解当代大学生的特点，熟悉他们的思维和行为状态，调整授课策略和方式，在大学英语教学中实现育人目的。

二、学科素养的提升

大学英语教师应进一步夯实外国语言文学学科，包括语言学、外国文学、翻译学、跨文化研究、测试学的功底，持续提升英语语言水平和跨文化视野。同时，大学英语教师应思考和顺应时代发展和教育变革，探索我国新工科、新文科、新农科等不同学科人才培养背景下大学英语应发挥的作用。

从机制上，学校应建立合理的培养制度，定期为在职教师提供培训学习机会，邀请国内外专家对教师专业发展进行指导，同时制订有效的激励或约束措施，让教师能够积极主动地进行个人学科素养和专业能力的提升。大学英语所属部门要制定相关方案鼓励教师定期参加雅思托福等语言水平考试，根据成绩水平进行考试费用报销及奖励，保证教师维持语言高水平。

教师个人应增强专业发展意识，提高自主学习能力，认识到自身的学科素养是保证教学质量的前提，是成为优秀教师必不可少的因素。在语言专业方面，不断巩固提升听、说、读、写、译等基本功，深入学习语言学、应用语言学、外国文学、翻译学等学科，广泛阅读相关书籍，积极申报相关专业课题，以课题为依托进行深入研究，夯实专业造诣和功底。此外，教师应有针对性地了解其他学科知识，如工程、金融、医学、艺术等，进行跨学科知识的积累，也可与相关专业教师合作共建课程，加强英语语言与专业知识的融合。

三、教学素养的提升

大学英语教师应当具备先进的教学理念，了解大学英语课程定位和体系框架，对大学英语的教学目标有清晰的认识，具有科学的教学设计、高效的教学实施方法，能够合理地进行教学反馈和评价。此外，英语教师还需要具备足够的教学反思能力,关注教学质量和教学效果,在教学实践中不断进行分析和调整,以实现课程的培养目标。

先进的教育教学理念和方法是提升教师教学素养的前提条件,由于客观原因,部分大学英语教师的专业是英文文学或者翻译学,在入职前,没有系统地学习过教育教学理念和方法。因此,除了教师资格证书所需要的培训和考试外,学校应持续提供教育教学理念和方法的入职教育和在职教育。例如,成立教师发展中心,针对教师培训、教学研究、教学评测、资源支持等方面的工作开展实践,活动形式主要包括专题培训、教学竞赛、教学设计与实施、信息化教学、咨询辅导、教师论坛等。通过研究和数据指导教师专业发展,搭建资源平台促进教师学习社群的形成与交流,以此直接或间接地促进教师的教学素养提升。

学校应常态化、科学化地开展教学质量评价,科学的教学质量评价能够有效反馈教学过程及教学效果,对大学英语教材、教学大纲、教学计划和教案、考核方案、教师课堂授课等环节进行全面考查,采用科学的评价方式,结合量表评价和专家、同行、学生的主观评价,及时对教学管理部门和教师进行反馈。教师依据教学质量评价对课程教学进行改进,是提升教学素养的重要途径。

大学英语教师应与团队多维度协作,教师之间通过借鉴学习,不断审视自身的教学能力,通过教学比赛、集体备课、说课等活动加速教师授课能力的提升。教师也应养成日常教学反思的习惯,对课程教学进行记录、分析和改进,提升教学素养,形成自己独特的教学风格。

四、科研素养的提升

在提升大学英语教师科研素养过程中,从学校层面,应充分考虑大学英语教师的工作量,适当扩大教师队伍,合理安排学时学分,减轻教师的工作压力。在科研考评过程中,建立更加科学合理的考评机制,设立专门的教改课题,认可大学英语教学的研究成果,提供相应经费支持大学英语教师参加国内外学术会议,组织相关的学术交流,创建良好的学术氛围。在课程组或系部层面,搭建优秀的科研团队和基层学术组织,聘请科研带头人,通过各类项目、课题的申请,带动教学和研究共同体,使大学英语教师得以在科研素养方面得到发展,同时，为大学英语教师特别是年轻教师设立专项的课题和项目，使他们能通过一些校级、院级研究项目积累经验，逐步提升科研能力。在教师层面，大学英语教师要有危机感，增强科研意识，提高科研主动性，认识到加强科研是促进自身发展的重要条件，在此基础上加强学术训练，反思自身科研能力的短板，重视理论研究和文献阅读，了解学科前沿热点和发展态势。大学英语教师要对教学实践的各个环节保持高度敏感，从实践中发现问题、提炼问题、收集数据，开展有针对性的研究，反哺教学。

五、信息素养的提升

科学技术的发展推动了教育的发展，特别是计算机技术和互联网技术的兴起和快速发展，彻底改变了人类的学习和教育模式。为有效提升大学英语教学的信息化程度，高校应加快校园信息化设施建设，提升硬件和软件设备，建设或购买在线教务教学平台、大学英语在线课程、智慧教室、各类英语学习软件等，定期对教师开展信息化应用培训。

大学英语教师应持续提升信息化教学意识，不应把教学信息化看作额外的负担或者被迫完成的任务。要意识到教育信息化对教学理念、教学模式和教学效果的正面影响，主动将信息化技术与大学英语课程进行科学、有效的融合。积极学习教育信息化技术，熟练掌握本校所使用的信息化设施功能，强化课程资源整合。利用大数据对本校学生英语学习情况和学业成绩进行分析，收集和积累数据，为教学改革提供实证支撑。

第三节　革新英语教学模式

教学模式的研究、建构和应用在教育和教学中一直受到广泛的关注和重视。教学模式是教学理论的具体体现，它不仅源于理论，更源于教学实践。它使教学理论更具实践性和可操作性，同时也使教学实践更加系统化和规范化。教学模式是连接教学理论和教学实践的重要桥梁，它使教育和教学理论的指导作用得以实现，同时也使教学实践有了更加明确和科学的方向。

在英语教学中，模式化也是必不可少的。任何学科的学习都需要经过一定的模式化过程，这是学科教学的基本特点。通过模式化的教学方式，可以更好地帮助学生掌握英语知识，提高英语应用能力。同时，通过不断优化和完善教学模式，还可以进一步提升英语教学的效果和质量。

在实际教学中，教师需要根据具体情况选择合适的教学模式，不断总结经验，调整和完善教学模式，以更好地服务于学生的学习和发展。同时，教师也需要不断更新教学理念和方法，积极探索新的教学模式，以适应不断变化的教育教学环境和学生需求。

一、合作型教学模式

（一）合作学习的含义

1. 合作学习的理念

20世纪70年代初，戴维·约翰逊和罗杰·约翰逊兄弟在美国开始研究小学教育及学生学习方式。他们提出了合作学习的理念，强调积极的互依、个体的尽责、人际技能、面对面互动以及过程分析等要素。这种学习方式要求学生在小组或团队中完成共同的任务，明确责任分工，在教师的指导下进行互助性学习。合作学习的目标不仅在于提高学业成绩，更在于培养学生的合作精神、团队意识和人际交往能力。

合作学习的研究成果获得了教育界的高度重视，迅速在全球范围内得到广泛关注和应用。这种能力是学生未来社会发展所需的重要素质之一。因此，进一步研究和推广合作学习具有重要意义。教育工作者应积极探索和实践合作学习的教学模式，不断完善和优化教学方法，以更好地服务于学生的学习和发展。同时，需要加强国与国的交流与合作，共同推动合作学习在全球范围内的普及和应用。

2. 合作学习的理论基础

合作学习的思想精髓和底蕴核心是以人为本的教育思想。这种教育思想关注学生的心理需求和个性发展，强调在合作学习过程中培养学生的合作精神、团队意识和人际交往能力。

在合作学习过程中，学生通过与他人的合作与交往，能够满足这些心理需求。他们可以与他人建立友谊，得到教师与父母的喜爱，同时也可以获得别人的承认和注意。

不同个性心理的学生在合作学习过程中会不断发生碰撞与相融，从而促进彼此的成长和发展。学生通过与他人的合作与交往，能够树立信心、学会尊重他人、完成任务并取得成就，最大限度地发挥潜能，实现自我价值。

此外，后天需要理论和接触理论也为合作学习的实践提供了理论基础。后天需要理论认为，人们在后天的生活经验中可以学习和发展某些需要，如依附需要和友谊需要。接触理论则强调人际合作能提供小组的向心力和友谊，只有发展成为合作性的关系，才能形成有效的学习。

（二）合作型教学法的实际应用

1. 合作学习实践中不可忽视的问题

（1）创造良好的合作学习气氛。教师在分组时要充分考虑学生的实际情况，包括知识基础、学习能力、性格特点等差异，同时也要尊重学生的个人意见。这样可以确保学生在小组中得到合适的角色和任务，更好地参与到合作学习中。此外，教师还需要注意培养学生的合作技能和社交技能，如倾听、表达、协商等，这些技能对于学生有效地参与合作学习至关重要。通过提供指导和反馈，教师可以帮助学生更好地掌握这些技能，提高合作学习的效果和质量。

（2）给予学生自我反思的机会。在合作学习过程中，教师需要给予学生充分的支持和指导，注意方式方法。当学生在课堂活动或发言中出现语言问题时，教师应当给予学生必要的启发式帮助，但要避免过度纠正或打断学生。教师可以采取提问或讨论的方式，让学生自己察觉到错误,给予充足的时间和空间让学生进行补充和更正。这样可以培养学生的自我反思能力,促进同伴之间的互相纠正和合作学习。教师需要给予学生适当的鼓励和支持,以增强他们的自信心和学习动力。在纠正学生的错误时,教师可以使用委婉的语言和语气,避免伤害学生的自尊心和自信心。同时,教师需要根据学生的实际情况和需要,采用不同的纠错方式和策略,以满足不同学生的需求。教师还需要注意培养学生的合作技能和社交技能。在合作学习中,学生需要学会倾听、表达、协商等技能,以便更好地参与到小组活动中。教师可以通过提供指导和反馈帮助学生掌握这些技能,促进合作学习的有效开展。

(3)明确合理的评价尺度。在学生的合作学习过程中,教师需要把握好评价的尺度,以促进合作学习的有效开展。教师需要明确评价的目的是促进学生的全面发展,而不是简单地对学生进行比较和排名。因此,评价应该以小组为单位,以小组的整体表现为主要依据,而不是仅仅关注个人的表现。教师需要制定具体的评价标准,以便学生明确合作学习的目标和要求。评价标准应该包括小组的参与度、合作精神、学习成果等方面,在合作学习开始之前就明确告知学生。此外,教师需要采用多种评价方式,包括小组自评、小组互评、教师评价等,帮助学生更全面地了解自己的学习状况,发现自己的不足之处,促进小组之间的交流和互动。同时,教师需要注意个别学生的"浑水摸鱼"等投机取巧行为,及时给予纠正和指导。对于表现优秀的学生,教师及时给予表扬和奖励,以增强他们的学习动力和自信心。

(4)培养健康人格的发展。在小组合作中,教师首先需要注意学优生与学困生之间的矛盾,采取措施纠正这种现象,让学生意识到个人目标与小组目标之间是相互依赖的关系,只有通过合作才能取得更好的成绩。其次,教师需要引导学生学会尊重他人、倾听他人的意见,学会优势互补。教师需要了解他们的学习困难之处和需要,制订具有针对性的教学计划,提供适当的辅导和补充练习,帮助他们提高学习成绩和自信心。再次,教师需要鼓励学优生发挥自己的优势,同时也需要引导他们关注和帮助学困生,让学优生明白,帮助学困生不仅有利于他们自己的学习,也有利于小组的共同进步。最后,教师需要及时对小组合作学习的效果进行评估和反馈。通过评估和反馈,可以让学生了解自己的学习状况和需要改进的地方,让教师了解教学计划是否有效，是否需要调整和改进。

2. 合作学习理念在实际教学中的应用

在合作学习中，学生之间的关系被视为重要的因素，而不再是无关紧要的或消极的。这种学习方式注重学生的自主性和合作精神，让学生通过合作来发挥自己的潜能、提高学习效果。作为教师，通过合作学习可以感受到学生在融洽的合作中取得更好的学习效果和更高的学习效率。

（1）采用多种形式的合作学习。合作学习的方式多种多样，教师需要根据教学内容和学生的实际情况选择合适的方式。如果只采用一种合作学习方式，学生很容易感到厌烦，合作学习的效果也会大打折扣。为了保持学生的积极性和热情，教师可以不断尝试不同的合作学习形式。例如，这次采用四人小组讨论的形式，下次可以让学生找好朋友一起讨论。这种变化可以让学生感到新鲜有趣，提高他们的参与度和讨论效果。同时，教师还需要注意合作学习的有效性和目标性。合作学习应该紧扣教学内容和目标，避免偏离主题或浪费时间。在讨论过程中，教师需要引导学生围绕主题展开讨论，鼓励他们发表自己的观点和意见，促进更深层次的交流和思考。另外，教师还需要注意合作学习的评价和反馈。在合作学习结束后，教师可以对讨论结果进行总结和评价，指出学生的优点和不足之处，提出建设性的意见和建议。同时，教师还需要根据学生的表现和讨论结果及时调整教学策略和方法，以更好地促进学生的学习和发展。

（2）"发言人"采取轮流担任的制度。在合作学习中，如果只有优秀生发言，其他学生只是旁观，那么合作学习的效果就会大打折扣。为了改变这种情况，可以采取一些措施来鼓励所有学生参与讨论和发言。教师可以在小组合作学习之前明确告诉学生，每个人都要积极参与讨论，发表自己的观点和意见。教师也可以鼓励学生在小组内轮流担任"发言人"，这样每个人都有机会向全班同学汇报小组的讨论结果。通过这种方式，可以让学生意识到每个人都是合作学习的重要成员。教师可以对积极参与讨论和发表观点的学生给予肯定和鼓励，也可以对不积极参与讨论的学生提出建议和指导。通过这种方式，可以让学生意识到参与讨论和发言的重要性，更加积极地参与到合作学习中。例如，教师可以根据学生的实际情况和兴趣爱好，将学生分成不同的

第三章
英语教学要素的改革与创新

小组，保证每个小组内的成员都能够有共同的话题和兴趣，从而更加积极地参与到讨论中。教师还可以设置一些具有挑战性和趣味性的任务，让学生在合作学习中感受到挑战和乐趣，从而更加积极地参与到讨论和发言中。

（3）教师应参与到合作学习中来。教师参与学生的合作学习是非常重要的，这不仅可以提高学生合作学习的效果，还可以促进师生之间的交流。通过参与学生的讨论和思考，教师可以了解学生的想法和需求，更好地指导他们的学习。同时，教师的参与也可以让学生感到教师是他们的朋友和支持者，从而更加积极地参与到合作学习中。

在参与学生的合作学习时，教师需要尊重学生的主体地位，不要过多干涉学生的讨论和思考，而是要引导他们自主探究和发现问题。教师可以为学生提供一些思路和建议，但不要代替学生思考或给出答案。教师可以走下讲台，与学生一起讨论问题，听取他们的意见和建议，并给予适当的反馈和指导。这种互动可以让学生感到教师是他们的学习伙伴，从而更加信任和依赖教师。每名学生的学习能力和需求都不同，教师需要了解他们的特点，给予个性化的指导和帮助。同时，教师还需要注意引导学生之间的合作和互助，促进他们共同进步和发展。

（4）重视合作学习前的自主学习。合作学习前的自主学习是必不可少的。如果没有自主学习，学生无法理解任务的内容和要求，也无法为合作学习做好准备。因此，教师在布置完讨论任务后，应该留出一些时间让学生自主学习，思考问题，理解任务的要求。这样学生在进行合作学习时就能够更加有针对性地展开讨论，提高合作学习的效果。

为了更好地进行合作学习，教师需要根据学生的学习能力、兴趣爱好等因素进行分组，确保每个小组内的成员都能够有共同的话题和兴趣，同时也能够互相补充、互相学习。在布置任务时，要明确告诉学生合作学习的目标和要求，避免学生不知所措或者讨论偏离主题。同时，任务的设计也要考虑学生的实际情况和兴趣爱好，让学生对任务有浓厚的兴趣和热情。在合作学习过程中，教师需要关注学生的讨论情况，给予必要的指导和帮助。同时，在合作学习结束后，教师还需要对讨论结果进行总结和评价，指出学生的优点和不足之处，提出建设性的意见和建议。

3. 合作学习理念在教学中的实际操作

如果学生水平不一，教师采用同学互助的策略是一个很好的方式来促进学生的学习和发展。这种策略可以让学生在合作学习中互相帮助、互相学习，提高自己的学习水平。但是，在实施这种策略时，教师需要注意一些问题，以免产生负面影响。比如，合理分组，把能力强和能力弱的学生分在一起，这样可以让学生在合作学习中互相补充、互相学习。不要让落后的学生感到有距离感或自卑感，也要避免好学生过于表现自己而忽略其他学生的感受。明确合作学习的目标和任务，让学生知道合作学习的要求和期望，避免学生无所适从或讨论偏离主题。给予学生必要的指导和帮助，让他们更好地进行合作学习。尊重学生的想法和感受，不要让学生感到被区别对待或低人一等。以支持和不偏不倚的方式来使用合作学习的策略，让学生感到自己的价值和重要性，从而更好地促进学生的学习和发展。

如果班级太大，分组活动在课堂教学中确实是一个非常有效的方式，可以提高学生的参与度，培养他们的分析、解决问题的能力，增强自主感、成就感和归属感，以及激发好奇心。对于大班授课来说，分组活动能够更有效地促进学生间的交流和讨论，提高课堂参与度。在分组之前，教师需要明确分组的目的：是为了讨论某个主题？是为了合作完成一个项目？还是为了加强学生间的互动？明确的目的有助于更好地组织分组活动。分组时，教师应考虑到学生的能力、兴趣和性格等因素，尽量让每个小组内的成员能够互补，这样可以促进更全面地讨论和合作。应给每个小组设定明确的任务和时间限制，确保活动有序进行。任务应具体、可操作，时间也要合理，让学生有紧迫感，促使他们高效完成任务。此外，教师应鼓励学生在小组内积极发表观点，听取他人的意见，促进思想的交流和碰撞。同时，也要培养他们的合作精神，共同完成任务。活动结束后，教师应及时对各小组的表现进行反馈和评价，肯定他们的优点，指出不足之处，提供改进的建议。这有助于提高学生的积极性，促使他们在下一次分组活动中表现得更好。

4. 合作型教学法的操作要点

（1）生生合作。课上，教师应充分发挥师生合作的潜力，通过互动、讨论等方式，激发学生的思维和兴趣，提高课堂参与度。课下，教师应利用第二课堂的优势，组织形式多样的合作活动，如小组讨论、角色扮演、口语练习等。这些活动可以快速传递信息，提供实践机会，帮助学生巩固和应用所学知识。实践证明，学生之间课下合作活动的开展是课堂教学的有益补充。它不仅可以弥补第一课堂的不足，还可以避免两极分化，提高教学质量。因此，教师应当重视并积极引导学生参与课下合作活动，促进学生之间的交流与合作，提高学生的学习效果和综合素质。

（2）师师合作。在大多数学校，每周都有一定的教研活动时间，但有些时候这些活动可能流于形式，或者教师们各行其是。这种情况并不利于教师之间的交流与合作，也无法达到提高教学质量的目的。因此，需要改变这种状况，真正发挥教研活动的作用。一个人的能力、知识和精力都是有限的，通过合作，教师可以互相学习、互相补充，共同提高。年轻教师可以向经验丰富的老教师学习教学经验，老教师也可以向年轻教师学习新知识、新技能。这样的互动和交流可以帮助教师更好地适应时代的要求，提高教学质量。

学校应该为教师之间的合作创造良好的条件，包括提供必要的教研活动场所和时间，鼓励教师积极参加教研活动，为他们提供必要的支持和帮助。同时，学校还可以组织一些合作项目或者团队活动，让教师有更多的机会在一起工作和学习。当然，教师自身也需要积极主动地参与合作。他们可以共同探讨教学中遇到的问题，分享教学经验和教学方法，互相学习和评价。通过这样的合作，教师可以共同成长，提高教学质量，更好地服务于学生和家长。

二、探究式教学模式

（一）探究式教学实施的意义

1. 尊重差异

在课堂中，教师可以通过与学生分享不同的文化经验和事件看法，促使学生也能分享自己的观点。这种互动和分享有助于培养学生的思

英语
教学的多维体系建构及创新研究

维能力和文化素养，增强学生的自信心和表达能力。

课堂应该是一个民主的场所，各种不同的观点都应该被重视。教师可以通过引导学生进行讨论、辩论等方式，让学生了解不同观点的存在和合理性，学会尊重和理解他人的观点。这种互动和交流有助于培养学生的批判性思维和创新能力，同时也能提高学生的社会适应能力。

2. 让每位学生都拥有发言权

在探究式教学中，教师应该引导学生尊重每个人的发言权，鼓励同学间进行对话。这不仅可以针对学习内容进行深入的探讨，而且还可以促进学生提升自己的言语表达能力和思维能力。

教师需要营造一个宽松、自由、民主的课堂氛围，让学生敢于表达自己的观点和想法。同时，教师还应该引导学生学会倾听他人的观点，尊重他人的意见，并在此基础上进行对话和交流。

教师可以通过设计具有挑战性和开放性的问题，引导学生进行深入的思考和探讨。这些问题可以引发学生的思考和讨论，促进学生对知识进行自主探究和建构。

此外，教师还可以采用小组合作探究的方式，让学生以小组为单位进行讨论和交流。这种方式可以培养学生的合作精神和协作能力，同时也可以促进学生对问题进行多角度的思考和理解。

3. 提供心理安全的学习环境

在探究式教学中，教师需要特别关注学生的心理安全感和自尊心。教师需要营造一个安全的课堂气氛，让学生不会因为自己与他人的不同而感到异样或受到嘲笑。

教师应该尊重每一位学生，不偏袒或歧视任何一位学生。教师应该以平等、公正的态度对待每一位学生，让他们感受到自己在课堂中的价值和重要性。

教师可以通过积极的鼓励和肯定来增强学生的自信心。对于那些在学习中表现不佳或者缺乏自信心的学生，教师可以给予更多的关注和鼓励，让他们感到自己能够胜任某项学习任务，并且感到自己的观点和想法是有价值的。

此外，教师还可以通过引导学生进行对话和交流来促进彼此的理解和尊重。在探究式教学中，学生需要发表自己的观点和想法，同时也需要倾听他人的观点和想法。教师可以通过设计具有挑战性和开放性的问题来引导学生进行深入的讨论和思考，促进学生对问题进行多角度的理解和分析。

（二）探究式教学实施的原则

1. 组织形式原则

小组合作学习有助于培养学生的合作精神和协作能力，同时也可以促进学生对问题进行多角度的思考和理解。

集体讨论是一种广泛使用的探究式教学组织形式。在集体讨论中，教师事先提出问题，由学生课后搜集相关信息并归纳整理，然后在班上进行集体讨论。集体讨论有助于培养学生的语言表达和交流能力，同时也可以促进学生对问题的深入思考和理解。

2. 因材施教原则

教师在探究式教学中需要细致地观察学生，充分考虑学生的年龄、生活经历等因素，根据学生的实际情况采取不同的教学策略。

对于学习主动性较强的学生，教师可以采用有意识策略，引导他们主动掌握学习方法，提高英语水平。具体来说，教师可以为学生提供明确的学习目标和计划，鼓励他们自主探究和思考，培养他们的自主学习能力。

对于英语学习存在困难的学生，教师采用针对性较强的个别指导策略，帮助他们树立学习英语的信心。教师可以与学生进行一对一的交流和指导，了解他们的学习困难之处和需求，制订适合他们的学习计划和方法，并提供及时的反馈和鼓励。

此外，教师还需要根据学生的实际情况进行因材施教，实施匹配策略。教师需要了解学生的学习风格、兴趣爱好和个性特点，根据学生的不同需求和特点采取不同的教学策略，以最大限度地发挥学生的潜力和优势。

（三）探究式教学模式的应用

1. 自主探究教学

明确教学目标，为学生提供清晰的学习方向，强调探究的重要性和意义。根据教学内容和学生实际情况，设计具有探究价值的问题，激发学生的探究欲望。营造一个开放、自由、安全的探究环境，鼓励学生积极参与、表达观点，尊重学生的不同意见和看法。

教师需对学生的探究过程进行适时指导，帮助学生掌握科学探究的方法和技能，引导学生深入思考和发现新问题。教师需组织学生进行小组合作学习和交流，培养学生的团队合作精神和沟通能力，促进知识的共享和互惠。教师对学生的学习成果进行评价和反馈，肯定学生的努力和进步，指出存在的问题和不足，引导学生进行反思和总结。在探究式教学中，教师需转变传统的教学观念，从单纯的知识传授者转变为引导者、促进者和参与者，与学生共同成长和学习。

通过以上操作，探究式教学能够有效地激发学生的探究兴趣和动力，提高学生的自主学习和合作探究能力，培养学生的创新思维和实践能力，为学生的全面发展奠定坚实基础。

2. 合作探究教学

合作探究教学是一种以小组为单位，通过学生之间的合作和互动，共同探究问题、解决问题的教学模式。这种教学模式注重培养学生的团队合作精神、沟通能力和自主学习能力，有助于提高学生的综合素质。

教师根据学生的实际情况进行合理分组，确保每个小组内的学生能够互补且相互促进。同时，要考虑到学生的兴趣、能力、性格等方面的因素。教师需要提前设定明确、具体的小组合作目标，以便学生在探究过程中有方向可循。其中，目标可以是知识性的、技能性的或情感态度价值观方面的。

通过小组内的合作和互助，可以促进集体成果的积累。学生通过分工合作、互相帮助、彼此指导等方式共同完成任务。

在评价过程中，应采用自评与他评相结合的方式。学生通过自我评价反思自己的表现和进步，同时也可以接受他人的评价和建议，以便更好地改进自己的学习和合作方式。

教师适时提供指导和帮助，以便学生更好地完成探究任务。教师可以为学生提供必要的资源和信息，解答学生的疑问，引导学生深入思考和探索。同时，教师监督和评价学生的学习成果和过程表现，以便及时调整教学策略和提供反馈意见。

3. 情境探究教学

情境探究教学是一种关注学生情感体验和情境创设的教学方式。通过情境的引入，教师能够激发学生的情感反应，帮助学生更好地理解文本内容，促进学生的心理机能发展。

通过实验展示知识的形成过程，帮助学生将当前所学知识与已有知识相联系，构建知识体系。教师可以设计有趣的实验，引发学生的好奇心和探究欲望，促进学生深入思考和探究。教师通过展示新旧知识之间的联系和矛盾，引发学生的认知冲突，激发学生的求知欲。通过引导学生比较新旧知识的异同点，帮助学生建立知识网络，培养学生的分析能力和批判性思维。可以将生活实例引入课堂，让学生感受到所学知识与实际生活的联系，引发学生的探究兴趣。教师可以选取与学生生活密切相关的话题或实例，引导学生观察、思考和解决问题，培养学生的实践能力和创新精神。通过运用多样化的教学手段，教师可以生动形象地呈现教学内容，激发学生的学习兴趣。教师可以利用实物、图画等直观教具展示情境，或者通过故事、表演等形式呈现情境，让学生在身临其境的体验中加深对知识的理解和记忆。

4. 问题探究教学

问题探究教学模式是一种以问题为核心，通过提出问题、分析问题和解决问题的方式来进行知识建构和能力提升的教学模式。这种教学模式注重培养学生的探究能力和创新思维，帮助学生掌握解决问题的方法和技巧。

教师创设与教学内容相关的问题情境，引导学生发现问题并提出问题。问题情境应具有现实意义和挑战性，能够激发学生的探究兴趣。教师引导学生对问题进行深入分析，帮助学生明确问题的本质、关键要素和解决方法。学生可以通过独立思考、小组讨论等方式，对问题进行多角度的分析。学生运用所学知识，通过实践、实验、推理等方式解决问题。教师提供必要的指导和支持，帮助学生克服困难，解决问题。

在问题解决后，教师引导学生对整个探究过程进行总结和反思，帮助学生梳理思路、提炼方法、巩固知识，同时发现新问题，为进一步探究奠定基础。

三、分级教学模式

大学英语分级教学模式是根据学生的英语水平和潜能，将学生划分为不同层次，制订不同的培养目标、教学方案等。采用不同的教学方法，充分体现出层次性，最终目的是让不同层次的学生都能得到进步和发展。

（一）分级教学模式的原则

分级教学能够满足不同学生的个性化需求。由于学生的学习水平、兴趣和能力存在差异，分级教学可以将学生按照相似的水平进行分组，教师根据学生的实际情况进行教学设计和安排，既能够更好地满足学生的个性化需求，又能够更好地把握教学进度和难度。同时，学生也可以在适合自己的学习环境中得到更好的发展。在适合自己的学习环境中，学生更容易取得进步和成功，从而提高自信心和学习动力。教师可以根据学生的实际情况给予不同的支持和指导，帮助学生克服困难和提高学习效果。

1. 循序渐进原则

循序渐进原则强调教学内容、方法和进度应该按照学科知识的内在逻辑顺序进行，同时应考虑学生的身心发展特点，目的是使学生能够系统地掌握基础知识和基本技能，逐渐提高认知水平和解决问题的能力。在英语教学中，循序渐进原则要求教师按照英语学习的规律，引导学生逐步提高听、说、读、写、译等方面的能力，不能急于求成，要打好基础，从简单到复杂，逐步深化。

2. 因材施教原则

因材施教原则强调教师应该根据学生的个性差异、兴趣和能力，采用不同的教学方法和评价方式，以满足学生的个性化需求，目的是促进每名学生的全面发展。在英语教学中，因材施教原则要求教师根据学生的英语水平、学习风格和需求，采用适合他们的教学方法和材料，激发他们的学习热情和主动性，提高他们的学习效果。

（二）分级教学模式的实施

分级是分级教学的基础，只有科学、合理地分级才能保证分级教学的有效性。因此，需要制定科学的分级标准，考虑学生的英语水平、学习需求和个性特点等方面的因素。同时，分级的方法也需要合理，避免"一刀切"的现象，尽可能满足不同学生的需求。

分级的区分度对于学生的学习积极性和教学效果有很大的影响。可以通过加强分级标准的制定、增加分级考试的难度等方式来提高区分度，使分级更加准确、科学。

升降级调整机制可以激励学生的学习积极性，使他们能够看到自己的进步和不足。同时，也需要制定好升降级的标准和程序，避免随意性和主观性。

评价是教学的重要环节，对于学生的学习效果和教师的教学效果有着重要的影响。在分级教学中，需要根据各级别的要求制定科学的评价标准，使评价结果能够真实反映学生的学习情况和教师的教学效果。

分级教学可能会对学生的心理、情感等方面产生负面影响，如自卑、焦虑等。因此，需要采取有效的措施，如加强心理辅导、建立良好的师生关系等，尽量避免这些影响，使分级教学更加有效、科学。

（三）分级教学下的学习焦虑问题

分级教学是我国大学英语教学改革的重要举措，旨在打破传统以专业为基础的行政班级教学模式，引入竞争机制，更好地满足不同层次英语水平学生的需求。这种教学模式能够充分体现因材施教的原则，使教学更加贴近学生的实际需求，激发学生的学习兴趣和动力，提高教学效果和效率。然而，分级教学也带来了一些问题。分级教学打破了传统的班级结构，学生需要适应新的班级环境和同学关系，可能导致学生之间陌生感和交流障碍的增加。同时，由于分级教学的升降级制度，部分学生可能会感到更大的心理压力，担心自己的成绩和地位受到影响。

　　学生的学习焦虑表现为多种形式。首先，交际畏惧是指学生对真实的或预期的交际活动所产生的恐惧或焦虑心理。在分级教学中，学生可能需要与不同层次的同学进行交流，可能会导致交际畏惧的产生。其次，考试焦虑是学生因担心考试失败而产生的恐惧心理，分级教学对学生的成绩提出了更高的要求，可能会增加学生的考试焦虑。此外，负评价恐惧也是学生学习焦虑的表现之一，学生担心他人对自己的评价是否负面，这可能会影响他们的自尊心和学习动力。

　　分级教学导致学生在学习过程中产生新的焦虑，主要源于以下几个方面。首先，分级考试是学生学习焦虑的一个重要来源。在开始学习大学英语之前，学生需要参加分级考试，以确定他们的英语水平并分配到不同的班级。这种考试可能会给学生带来一定的心理压力和焦虑情绪。其次，与他人比较也是导致学生焦虑的原因之一。在分级教学中，学生可能会将自己与其他同学进行比较，可能会导致自我评价的降低和焦虑情绪的增加。此外，适应新环境、提前修满学分的压力以及外部因素等也可能导致学生焦虑情绪的产生。

　　此外，教学管理者还可以通过其他减压措施来帮助学生克服焦虑心理。例如，提供多样化的学习资源和学习方式，以满足不同学生的需求和兴趣；组织丰富的课外活动和交流机会，促进学生之间的合作和交流；加强对学生心理方面的引导和辅导等。

四、微课教学模式

（一）微课教学的定义

　　微课，也被称为"微课程"，是一种依托 PPT 和视频教学的新型技术手段。它的特点是简短，因此要求在教学内容的设计上简洁明了，能够完整地涵盖教学工作。微课主要针对特定的知识点进行讲解，通过短小的视频向学生传达内容。除了基本的知识点，还可以加入练习和专家点评等元素。

随着微课教学的不断发展，很多学者对其展开了研究，深刻影响了全球的基础教育。在我国，微课教学得到了极力推进，但由于研究仍处于初级阶段，因此主要集中在宏观领域，微观层面的研究还有待加强。

（二）高校英语微课教学的优势

1. 有利于突出教学的主题

在高校英语微课选题时，应确保主题鲜明、突出，聚焦于教学的核心知识点。由于视频时间有限，教学内容需分为焦点、重点、难点或易错点，可基于学生的实际需求选择。通过精练的内容和高质量的教学，可以明显提高教学效率和教学质量。在高校英语教学中运用微课，可以发挥其独特作用：一是用于课前预习，提供更多理论指导；二是激发学生对微课程的兴趣，提升课堂效果；三是用于课堂总结，帮助学生更准确地认识自我；四是指导课外英语技能运用，增强学生自主学习能力。

2. 有利于呈现短小精悍的内容

心理学研究显示，成年人高度集中注意力完成简单枯燥任务的时间仅为 20 分钟，这意味着学生在高校英语教学中，仅前 20 分钟能保持高度集中。因此，传统的高校英语课堂需要进行调整，确保微课内容的科学性和合理性，展现鲜明特色，调动学生的学习兴趣。通过微课教学，学生可以更有效地集中注意力，获取更多知识。

3. 有利于展现更为丰富的资源

尽管高校英语微课的时间相对较短，但其包含的教育资源丰富，教学形式多样。通过制作精彩的教学视频，学生可以准确掌握核心内容，激发好奇心，提高参与度和教学效果。此外，高校英语微课资源流量小，便于网络传输和发布，能够满足学生的个性化学习需求。它体现了精练性特点，支持多种移动设备在线播放或下载储存至移动设备进行移动学习，不受时间和地点限制，具有广泛的实用性和自由度。除了补充课堂教学，高校英语微课还可以作为学生课前预习的材料，提高教师课堂教学效率，强化学生学习兴趣和创新理念。因此，高校英语微课是促进学生自主学习的有力工具。

4. 有助于展现更为形象实用的内容

高校英语微课的本质仍然是高校英语课，其教学设计由教师展示，包括多媒体课件展示、示范、讲解、引导、说明、纠错等。在微课教学中，教师会亲自进行示范和展示，可能使用与教学相适应的教学器械。因此，微课具有实用性、直观性和可操作性，能够为学生提供理解和消化知识点的便利。

(三)高校英语微课教学的实施策略

在高校英语教学中应用微课，需要与学校制订的教学培养目标相适应，并有机结合，以确保微课的可行性和科学性。设计微课时，应遵循高校英语教学特征和实际情况，合理规划不同类型的微课程，以满足不同类型的高校英语教学需求。具体应用策略包括如下几点：

1. 结合网络教学信息平台开展微课教学

为改变高校英语教学内容单一的现状，教师需研读教学大纲，结合教学目标整合网络资源，通过微课分享给所有学生。通过网络平台，整合微课资源，有助于学生系统学习。要发挥微课优势，做好微信平台的选择与确定工作，上传资源供学生根据自身目标选择教学内容和活动，实现网络服务功能。

2. 为微课教学设计恰当的主题

微课的最终教学效果受微课设计程度影响，教师需重视主题选择。在高校英语教学中，要确定教学目标，然后针对性地解决学生常遇到的问题或重点知识点。设计时应全面考虑，难度适中，满足要求。

3. 对微课要有全面深入的了解

微课实施受时间限制，教学内容需针对性选择，深度和广度需适度，难度要适中，以满足学生课余碎片化学习的需求。教师需分析学习者基础、教学目标、课程内容等特点，深入了解学生认知基础、学习能力、技术程度和需求状态等，以此为基础组织设计高质量的微课。教师选择微课教学形式时，需考虑微课特点、教学目标，准确分析学习内容和学习者情况，重视微课的自主性、优质资源以及"小而精"的特点。发布平台的选择也至关重要，理想平台应受众广泛、主流、快捷，便于学生用户使用。

4. 为学生制作出完整的微课

在实景拍摄时需注意教师示范动作的规范性与准确性，仪态和技术动作要标准，还需要保证画面稳定性和拍摄画质清晰度；教师讲解时要声音洪亮、节奏感强，使用通俗易懂的口语。在制作中还需明确分工与合作，尤其注意动作连贯性；提高教师视频处理能力，注重开篇吸引力，剪辑中可加慢动作回放；教师讲解与表达清晰，达到动静融合、远近融合的立体效果；选择合适的传播平台，确保播放流畅性和整体效果。

五、慕课教学模式

（一）慕课教学的定义

慕课（MOOC）是"大规模在线开放课程"的简称，具备四个特点：大规模（M）、开放性（O）、在线（O）和课程（C）。与传统课程相比，慕课具有规模大的特点，不仅指学生人数多，也指资源规模大；学生可根据兴趣注册并下载学习，甚至来自营利公司的课程也可供下载；教与学全程通过网络实现，包括线上教授、线上学习、师生互动等；课程系统完整，课程、教与学进程、师生互动等都能在网络上实现。

(二)高校英语慕课教学的优势

1. 突破时空限制,转变教学模式

慕课教学突破了传统的大学限制,让学生在接受高等教育时不受时间、地点限制,对传统高等教育构成挑战。

慕课教学模式对大学课程设计、师资发展等产生重大影响,尤其显著影响教学方法与策略。因此,英语教育需适应社会发展趋势,并考虑慕课教学的本土化问题。专家学者可建立国内英语在线开放课程群,学习者可自主选择课程,提升英语水平。高校英语慕课教学优化教学,可以提升教学质量与效果,具体优势如下:高校英语教师从传统模式中解放;运用慕课教学模式,教师需求减少,出现明星教师和大量学生粉丝;授课重点发生变化,尤其是明星教师的精品课程需好的教材、声源等,添加肢体表达以创造优质视觉感受。

2. 激发学习兴趣,使学生的学习更为自由

在慕课教学模式下,人们更关注学生学习兴趣的激发和主观能动性的发挥。通过慕课平台,学生可以从繁重的课堂中解放出来,轻松学习,获取知识的欲望增加,变被动为主动。他们可自行设定时间,了解知识来源与结构,把握关键内容,学习过程侧重于提出问题、寻找答案等。

此外,慕课学习环境赋予学生自由,培养学生自主学习能力。学生通过自主学习,增加课外学习实践,拓宽学习视野,提升兴趣。

(三)高校英语慕课教学的实施策略

1. 构建多元化慕课课程

慕课教学模式对传统高校英语教学形成冲击,尤其是其单一的教学模式和薄弱的师资力量。在传统教学中,教师资源有限,课程讲授缺乏针对性,而高校英语慕课教学则基于学生的兴趣和积极性设置课程,可以有效提升学生学习英语的动力,提高学习效率和质量。

2. 运用多样化教学方式

尽管许多学校提倡高校英语教学改革，在教学方式上进行创新，但授课方式仍偏向于知识点讲述，即使结合多媒体手段，也只是作为传统板书的替代。

3. 实施多渠道考核

在慕课教学模式下，高校英语教学中采用多渠道考核手段。仅凭传统的笔试或论文写作很难全面评估学生的实际能力。慕课模式下的个性化考核能激发学生的积极性，促进下一阶段的学习。

六、翻转课堂教学模式

（一）翻转课堂教学的定义

当前，最早的翻转课堂模型是罗伯特·塔尔伯特（Robert Talbert）教授的模型，他在"线性代数"课程中应用了这一模式并取得了显著效果。这一模型为后续学者和专家进行教学模式探索提供了基本思路。

什么是翻转课堂教学模式呢？有人将其定义为在线课程，也有人认为只是传统课堂顺序的颠倒，并未有实质性变动。但这些观点都不准确。实际上，翻转课堂的核心在于教学视频，但教师在其中仍发挥重要作用，因此不能简单定义为在线课程。

在传统的课堂中，教师充当知识的灌输者，而翻转课堂则将知识传授提前，将课后练习内容转移到课堂，让学生在课堂上与教师或其他学生进行探讨。这种颠倒旨在让学生对知识进行内化，这才是翻转课堂的真正内涵。

（二）高校英语翻转课堂教学的优势

1. 真正以学生为中心

翻转课堂改变了传统的教学场所和教学时间，通过这种教学模式，教师将媒介从讲授转向视频，学生通过自学获取知识。教师可以通过 Facebook、Twiter 等为学生提供资料，学生可以在网上获取这些资料，进行主动学习，而课堂成为学生与教师、其他学生交流的场所，可以有效提高学生的探究学习和协作学习的能力。

2. 培养学生的自主学习能力

翻转课堂的课前学习部分和课堂任务活动部分都需要学生参与，不仅让学生对学习负责，还让学生认识到只有通过学习才能与教师或其他学生进行交流。使学生从被动学习转向主动学习，培养了他们的自主学习意识。

（三）高校英语翻转课堂教学的实施策略

1. 设计英语教学过程

美国创新学习研究所（ILI）提出了翻转课堂的设计流程。具体包括以下几个层面：确定课外学习目标、选择翻转课堂的具体内容、选择翻转课堂传递的手段、准备翻转课堂教学的资源、确立课内学习目标、选择翻转课堂评价的手段、设计具体的翻转课堂教学活动、辅导学生学习。

2. 开发英语教学资源

从广义层面来说，教学资源指的是用于教学的材料以及相关的人力、物力、设施等，能够帮助个体展开学习的任何东西。随着科技的进步，信息化教学资源呈现出来，它指的是在信息技术环境下，为了实现教学的目的而出现的教学资源，如人力资源、信息资源等。

随着信息化资源的不断丰富和在教学中的不断应用，人们逐渐提出了翻转课堂的教学理念。从翻转课堂的过程可知，要想实现翻转课堂，需要具备一些基本的教学资源，如教学视频、阶段训练、学习任务单等。

七、混合式教学模式

（一）混合式教学的定义

混合式教学是教学信息化的新阶段，体现了信息技术从教学辅助到深度融合的发展。最初的信息技术应用是 CAI、CAL 和 CAT，之后是 E-Learming 等，这些仅作为辅助、补充和支持。

当前，混合式教学不仅是工具或平台，而且是对教学思维、元素和流程的重构，这要求更高的信息技术环境、素养和管理水平。具体来说，需要稳定的网络、云服务器和终端，教师和学生需适应新理念和流程，教务管理需提高信息化水平和重构流程。

此外，考核和评价体系与传统模式存在差异，需制定混合式教学的考核和激励机制。混合式教学涉及流程重构，不仅是简单的互联网应用，还会触动教师观念和利益，因此需解决技术和利益问题。其首要任务是区分和解决各种问题，逐步解决，避免放大次要矛盾。

（二）高校英语混合式教学的优势

1. 有利于发挥集合优势

混合式教学结合了传统与现代的教学模式，彼此相互学习，进行系统的思考，对各种教与学的方法进行整合和分析。这种教学方式既发挥了教师的教学技能和主导地位，又突出了学生的主体性。同时，教师利用先进的教学技术和设施为学生创设了必要的学习环境，对教师提出了更高的要求。

2. 有利于及时反馈

在传统教学中，教师很难进行全面准确的反馈。然而，在混合式教学模式下,教师可以利用网络平台结合线上线下教学环境,全面准确地了解学生,帮助学生解决学习中的问题,从而提高教学效果。

3. 有利于高效互动课堂的建立

传统教学模式侧重于教学活动,主要是教师向学生灌输知识,这是一种单向的转移,学生很难参与到课堂互动中。在混合式教学模式下,教师选择先进的教学手段来实现师生之间的互动,从而解决教与学的问题。

4. 有利于个性化学习

学生可以根据自己的需求选择适合自己的学习方式,主动参与课堂,与教师和其他学生进行协作。此外,学生有充足的时间进行课外实践,这与当前的高校英语教学改革趋势相符。学生能够自主选择也代表了一种深度学习和创新手段,有助于学生取得好成绩。

(三)高校英语混合式教学的实施策略

1. 课前阶段

在混合式英语教学中,教师在展开授课之前,需要从教学内容和学生实际情况出发,对课程资源进行整合,考虑实际的情况,设计具体的教学任务,以培养学生的自主学习能力。例如,通过"朗文交互学习平台""新理念外语网络教学平台"等平台,教师可以将与教材相关的学习目标、学习计划、学习主题等预习任务发送给学生,学生从自身的能力出发,通过各种形式完成预习任务,不断提升自身的自主学习能力。在混合式教学中,学生与教师或者其他同学之间还可以进行互动,如果遇到问题,学生也可以向教师或者其他学生寻求帮助。

2. 课堂阶段

在课堂阶段,教师可以采取以下策略:利用多媒体资源(如PPT、视频、音频等)进行课堂教学,可以更直观、生动地呈现知识,提高学生的学习兴趣和参与度;利用在线平台或社交媒体,组织学生进行线上讨论,鼓励学生发表自己的观点和看法,促进课堂互动;将学生分成小组，进行协作学习和讨论。通过小组活动，培养学生的合作精神和沟通能力；设计真实的语言应用情境，让学生进行模拟练习，提高英语的实际应用能力；在课堂阶段，教师需要对学生的问题进行及时解答和指导，帮助学生解决学习中遇到的困惑。

3. 课后阶段

在课后阶段，教师可以采取以下策略：根据学生的学习情况，布置适当的作业和任务，帮助学生巩固所学知识，提高英语应用能力；利用在线平台或社交媒体，为学生提供课后辅导和答疑服务；及时解决学生的学习问题，提供学习建议和方法指导；鼓励学生参与线上讨论和分享活动，交流学习心得和经验，有助于激发学生的学习兴趣和动力；教师还需要及时对学生的作业和表现进行评价和反馈。通过给予肯定和鼓励，激发学生的自信心和学习动力，同时指出存在的问题和不足之处，引导学生进行改进和提高，为学生提供一些拓展学习资源，如相关的学习材料、视频、网站等。总之，要引导学生自主学习和研究，培养他们的自主学习能力。

第四节　创新英语教学资源

一、教学资源的概念与重要性

课程资源是实现课程目标的关键因素，它涵盖了各种教育资源和环境，这些资源和环境有助于学生的学习和教师的有效教学。根据其功能和特点，课程资源可以分为素材性资源和条件性资源两类。素材性资源是形成课程的直接因素来源，包括知识、经验、技能、情感态度和价值观等，这些资源能够为学生提供丰富的学习体验和课程内容。条件性资源则是指那些影响课程实施的人力、物力、财力及时间、场地、设备、媒介、设施和环境等因素。

除了根据功能和特点对课程资源进行分类外，还可以根据空间分布将课程资源分为校内课程资源和校外课程资源。校内课程资源是指学校范围内的所有教育资源和环境，包括教师、学生、教材、设施等。校外课程资源则是指超出学校范围的教育资源和环境，如博物馆、图书馆、社区资源等。

从英语课程的角度来看，任何有利于学生学习和教师教学的材料和物质条件都可视为课程资源。英语课程学习和教学资源包括作为学生学习和教师教学内容的材料，如教材、课外读物、录音磁带等，以及能使学习和教学顺利进行的客观条件和设施，如录音机、电脑等。这些资源不仅为学生提供了丰富的语言学习材料和机会，也为教师提供了多样化的教学手段和工具。

课程资源与课程存在着密切关系。课程实施的范围和水平取决于课程资源的丰富程度和开发利用水平。丰富的课程资源能够为学生提供多样化的学习体验和机会，有助于激发学生的学习兴趣和积极性。有效的课程资源开发利用则能够提高教学的效果和质量，使课程更加贴近学生的实际需求和社会发展。

课程资源的开发和利用不仅是新课程改革的需要，也是由于现代科学技术的进步、人们教育观念理念的改变以及对语言学习观念的认识不断深化的要求。

通过利用多样化的教学资源和方法，教师可以提高学生的学习兴趣和积极性，培养他们的语言运用能力和跨文化交际能力。同时，教师自身也需要不断学习和提升，掌握最新的教学技术和理念，以更好地服务于学生的学习和发展。

二、网络教学资源

网络上的教学资源极其丰富，教师可以从中获取相关的信息资料。为了更好地利用这些资源，教师需要掌握一些常见的信息应用技术，如运用搜索工具和方式访问互联网、下载有用的资料、订阅外语教学电子刊物、收发电子邮件、参与网上交流讨论等。通过这些技术的应用，教师可以更加高效地获取所需的信息资源，为自己的学习和研究提供有力的支持。因此，教师应当积极拥抱信息技术和网络资源，将其作为自我提高和学习的重要工具。通过不断的学习和探索，教师不仅可以提高自己的教学水平，还可以为学生提供更加丰富、多样的学习资源和方式，促进他们的全面发展。

第三章
英语教学要素的改革与创新

（一）搜索引擎

计算机网络的发展为外语教学带来了巨大的潜力和可能性。它不仅提供了更多的学习方式和渠道，还为学习者提供了不受时间和空间限制的学习资源。如今，随着万维网的广泛普及，我们面临着海量的信息。据统计，目前至少有 3.2 亿个网页，使我们需要借助一些工具来找到与外语主题相关的素材、课程等。搜索引擎就像"一只联网的眼睛"，帮助我们进行各种信息搜索和筛选工作。

搜索引擎是一个强大的工具，它使用关键词来搜索匹配的站点（文本、文件、网页），将结果传送到用户的计算机上。有些搜索引擎甚至能够根据计算机的最佳匹配结果，将相关的因特网站首先呈现给用户。由于万维网的迅速发展和变化，英语教学网站的数量数以万计，很难提供一个完整的目录。如果没有搜索引擎来定位所寻找的信息，那么在互联网上寻找英语资源将会变得非常困难。

世界上有许多知名的搜索引擎，包括国外的 Yahoo、Google、Excite 和 Infoseek 等，以及国内的如新浪、百度、Yahoo、Sohu 等。当我们在网上寻找资源时，可以在搜索窗口中输入多个关键词来查找相关信息。例如，使用关键词如 "English learning" 或 "English language teaching（ELT）" 等，就能够找到许多相关的网站。除了关键词搜索外，还有专题搜索功能，如 Yahoo 提供了教育、新闻与媒体等十几个大专题，每个大专题下又细分为更具体的子专题，可以逐步地找到所需的资源。

此外，计算机网络的发展不仅为学生提供了无限的学习资源和学习机会，也为教师提供了大量的资源和工具来提高自己的教学水平。现在有许多机构和学校已经建立了大量的英语学习网站，其中很多网站为英语学习者提供免费的服务。教师可以通过教会学生使用搜索引擎的技能，布置一些话题作为课余的自主探究性活动，让学生自行检索资料并在课堂上进行合作小组活动。教师也可以利用搜索引擎在网上搜索教案、课件及教研论文等资源，以此提高自己的教学水平和业务能力。免费的 BBS（公告牌）也是一个很好的工具，它具有更大的自由度和公开性，可以用来发布英语教学信息、布置学习任务，以及为学生提供学习、查找资料、解决和分析问题的指南与导航。

(二)电子邮件

发送电子邮件（E-mail）和上网等网络活动对设备的硬件要求不高，价格也相对低廉，方便实用，因此在互联网中是非常常见和流行的交流方式。通过电子邮件，教师可以为学生提供互动辅导，这是一个已被广泛应用的教学方式。事实上，国外在20世纪90年代中期就已经开始将电子邮件引入他们的课程语言教学中。

现在流行的G-mail（大容量邮箱）能够处理更多样化的语言形式，使发送的邮件内容更加丰富和灵活。除了基本的文本信息，还可以将文档文件、声音和图像文件等作为邮件附件发送。这样的功能使E-mail成为一种非常实用的教学工具。

在英语教学中，E-mail的应用已经成为课程实施的有机组成部分。学生可以通过电子邮件提交英语写作作业，这种方式已经被国外的大量研究所证明，其效果优于传统的写作教学方式。为了有效地使用E-mail辅助写作教学，教师可以采取一些具体的策略。

首先，建立一个班级学生电子信箱目录或者为他们创建一个Usenet新闻组，这样可以方便学生进行交流和讨论。其次，可以采用网下准备、网上交流的模式，或者组织学生写日志并通过班级Usenet新闻组发布。这些模式可以明显提高学生的写作能力和积极性，同时也能让他们更加关注语法、词汇及句法的使用。另外，通过E-mail交流，学生可以更方便地进行反复修改，有助于提高他们的写作技巧。此外，有条件的学生还可以通过E-mail与国内外的亲属朋友进行英语交流，这不仅是一种提高英语应用能力的良好方式，也是一种自主性学习的有效途径。

总体来说，E-mail在英语教学中的应用具有很大的潜力和价值，值得广大教师和学生进一步探索和实践。

(三)聊天、音视会议及通信

随着技术的不断进步，通过因特网的即时信息通信软件的同步信息输出已经成为可能，意味着学生可以利用这些软件进行人与人之间的实时语音交流。目前，市面上有许多流行的即时通信软件，如MSN

Messenger、NetMeeting、QQ、Yahoo Messenger 和 UC 等。只要配备合适的硬件设备，如麦克风和数字摄像头，交流双方就可以互相看到对方，实现更真实的通信体验。这些新技术对外语学习带来了巨大的潜力和影响。通过这些技术，学生可以直接与本族语者进行交流，无论是语音还是文字形式。这种真实的语言环境为学生提供了难得的学习机会，有助于提高他们的语言应用能力。

教师可以利用学校的局域网或网上的免费资源，如 UC 聊天中的英语角或自建英语聊天室。教师可以与学生约定在网上会面、交流，就某个专题展开讨论。这种方式可以提高学生的口头表达能力，同时也能调动他们的学习积极性。

（四）电子刊物、网上图书馆及在线词典

电子刊物在语言学习中扮演着重要的角色，尤其对于外语专业的学生来说。这些电子刊物通常以任务为目标，不仅免费提供丰富的学习资源，而且通过网络的联结，使文章内容更加丰富，包含了更多的背景信息和相关链接。这为学生提供了方便的途径，使他们能够轻松地找到其他相关的网络信息。例如，《语言学习和技巧》（*Language Learning & Technology*）和《英语作为第二语言的电子刊物》（*Teaching English as a Second Language: An Electronic Journal*）等电子刊物，都是值得英语教师下载的语言素材。这些刊物不仅提供了高质量的语言学习资源，还为教师提供了宝贵的教学参考。

第五节 改革英语教学评价手段

改革英语教学评价手段，需要从单一的考试评价向多元评价转变，注重学生的实际应用能力，采用形成性评价和终结性评价相结合的方式，同时引入学生自评和互评机制，提高评价的效率和准确性。此外，还需要制定科学合理的评价标准，加强评价反馈和指导，以帮助学生更好地提高英语能力。

一、动态评价

（一）理论框架

动态评价（Dynamic Assessment，DA），其理论基础深厚，主要源自社会文化理论。这一理论着重关注学生的"最近发展区"，强调通过细致观察和记录学生的学习变化，深入了解学生认知能力的动态发展过程。动态评价的核心思想是评价者通过与学生进行有意义的互动，深入了解学生的认知过程和变化，从而更准确地挖掘学生的潜在能力。在此基础上，为学生提供针对性的干预措施，以促进他们的全面进步和发展。因此，动态评价有时也被称为"学习潜能评价"。

与传统的评价手段相比，动态评价具有明显的优势。它不仅能真实地反映学生的英语语言实际水平，更能帮助教师在评价过程中发现学生学习中的问题。教师可以通过及时的干预，调整教学策略，确保学生的学习进程不受阻碍，从而提高英语教学的效果和学生的学习水平。

关于动态评价的研究视角各异，导致出现多种评价模式。但大体上可以归纳为两种主要模式：干预式和互动式。干预式评价侧重于量化指标，强调教师提供的帮助是预先设计和计划好的。互动式评价则更侧重于定性指标，注重师生间的互动和即时反馈。只有将这两种评价模式有机地结合起来，才能充分发挥动态评价的潜力，为高校英语教育带来更多的可能性。

通过动态评价的实践，可以更深入地了解学生的学习过程，发现他们的潜能和需要改进的地方。不仅有助于提高学生的学习效果，还能促进教师的专业成长和教学方法的改进。在数字智能化时代，有更多的工具和技术可以用来实施动态评价，如在线测试、智能分析、学习分析系统等。这些工具可以帮助我们更快速、准确地收集和分析学生的学习数据，为动态评价提供强大的支持。

第三章
英语教学要素的改革与创新

（二）从动态评价的角度改善学生的英语学习情况

情感、师生作用、环境等因素都会导致学生的英语学习问题，下面就从动态评价的角度对大学生英语学习情况进行改善。

对于许多大学生来说，在英语语言交际中出现焦虑和领会能力的欠缺是常见的问题。通过干预式与互动式两种评价模式，这些问题可以得到缓解。语言交际的焦虑可以通过与他人的交流得到缓解，而互动式评价强调师生之间的面对面交流。例如，教师可以将个体的口语评价分为两个阶段。在第一阶段，选择学生熟悉的话题进行交流，通过静态评价了解学生在口语学习中的不足。在第二阶段，从静态评价转向动态评价，采用干预式评价手段，对学生在第一阶段存在的问题进行干预，提供建议和帮助，从而缓解学生在口语交际中的焦虑。

互动式动态评价可以帮助教师了解学生的学习动机和学习需求差异，预测下一阶段学生可能存在的问题，及时提供干预。在师生互动中，教师对学生的了解可以增强学生的满足感，改善师生关系，解决因师生关系引发的英语学习问题。

1. 确定反思内容

反思内容最好以表格形式呈现，要结合具体的任务来设计。可采用自我反思表的形式，如表3-2所示。

表3-2 关于听力的自我反思表

学生姓名：_____   填表日期：_____
本人认真回顾了从__月__日到__月__日早自习时间我的听力情况,我共听听力___次,我收获很多。 1.在听力习惯和能力上,我的进步体现在:_____。 2.我觉得取得听力进步的原因在于:_____。 3.在听力过程中,我还需要改进一些问题(听力习惯、语音、语调、句型、非智力因素等):_____。 4.教师、同学、家长的意见:_____。 5.我想说:_____。

2. 给自己打分

在教与学的过程中，让学生参与自我评价是一项富有挑战性的任务，但同时也是一个极为有益的学习过程。自我评价不仅有助于提高学生的主动性和积极性，还能促进学生对自己的学习进行深度反思，从而更好地掌握学习方法和策略。

为了让学生有效地实施自我评价，教师首先需要明确自我评价的目标和标准。教师可以与学生共同制订学习目标，明确每个目标的评价标准，这样学生就能清楚地知道自己的学习和努力的方向和目标。

教师需要提供给学生一些具体的自我评价方法和技术。例如，教师可以引导学生使用学习日志、学习档案袋或者其他记录工具来跟踪自己的学习进展，以便他们进行自我评价。此外，教师还可以组织学生进行小组讨论或同伴互评，通过交流和比较来促进自我反思。

另外，教师要给予学生足够的支持和指导。在学生进行自我评价的过程中，教师要耐心倾听学生的反馈和意见，给予积极的回应和建议。同时，教师还要根据学生的实际情况和需求，提供个性化的指导和帮助，以帮助学生更好地进行自我评价和反思。

教师要将学生的自我评价结果纳入教学管理过程中，认真对待学生的自我评价结果，将其作为调整教学策略和优化教学方法的重要依据。同时，将学生的自我评价结果与其他评价方式相结合，以便更全面地了解学生的学习状况和发展需求。

3. 成长记录评价

建立学生成长记录是一项重要而细致的任务，它需要师生双方的长期坚持和共同努力。这一过程不仅有助于学生的自我反思和成长，还能为教师的教学提供宝贵的反馈。

在起始阶段，教师的引导和督促尤为重要。学生可能还不熟悉如何有效地搜集和整理学习材料，这时就需要教师有意识地提醒学生明确搜集材料的目的，给予他们必要的方法和技巧指导。教师可以定期组织学生进行成长记录的更新和反思，通过这样的活动，学生可以更好地理解自己的学习路径，发现自己的进步与不足。

此外，学生之间的交流也是成长记录过程中的重要环节。通过相互比较和讨论，学生可以借鉴彼此的学习方法和经验，共同提高。这种同伴学习的方式能够激发学生之间的竞争意识和合作精神，促进彼此的成长。

家长的支持同样关键。家庭是学生学习的重要场所之一，家长的参与和支持能够为学生的成长记录提供更多的维度和深度。教师可以与家长建立紧密的联系，引导他们关注学生的成长过程，提供必要的指导和建议。这样不仅可以增强家校之间的合作关系，还能为学生提供更全面的发展环境。

随着时间的推移，学生的成长记录将逐渐积累并成为珍贵的资料。这些记录不仅可以为学生提供自我反思和规划未来学习的依据，还可以为教师提供关于学生需求和教学策略的宝贵反馈。教师可以通过分析成长记录来评估教学效果和调整教学方法，以便更好地满足学生的学习需求。

二、多元评价

（一）多元评价概述

多元智力理论是由哈佛大学的加德纳教授在其著作《智力的结构》中提出的。这一理论的核心观点是智力并不是单一的，而是多种智力类型的统一，这些智力类型在人们的学习和生活中都有所体现，呈现出多元化的特点。

人的智力存在个体差异性，这种差异不仅体现在个体之间，也体现在个体内部。每个个体都有其独特的智力组合和发展轨迹。与此同时，人的智力并非固定不变，而是处于不断发展和变化的过程中。这种变化的智力观为教师提供了一个动态的视角，使他们重新审视和评估学生的学习和发展。

多元智力理论自从传入中国便受到了教育界的广泛关注。众多研究致力于探索这一理论与各学科的融合发展，以期为学生提供更加个性化、全面和深入的学习体验。多元智力理论为英语教学评价的优化提供了重要的理论指导和实践启示。

因此，对多元智力理论进行深入探讨和研究是十分必要的。通过了解和掌握这一理论，教育工作者可以更好地理解学生的智力特点和发展需求，从而制定更加科学、合理的教学策略和评价方法。不仅有助于提高学生的英语学习效果，还能促进他们的全面发展，培养出更多具备创新思维和实践能力的人才。

1. 多元智力理论与多元评价

多元智力理论强调每个人拥有多种智能，而这些智能在个体间的组合与表现形式各不相同。这解释了为何每个人的学习方式和擅长的领域都有所不同。这一理论让我们明白，单一的学习评价标准无法全面反映一个人的真实能力。

加德纳认为，每个人的智能发展都受到内在因素和外部环境的共同影响，这让我们重新思考如何更全面地评价学生的能力。传统的评价模式往往只注重学生的知识掌握程度，而忽略了他们其他方面的智能。多元评价模式更加注重学生的全面发展，鼓励他们在不同的智能领域中展现自己的优势。

此外，多元智力理论还强调智力发展的动态性。这意味着学生的智能并非固定不变，而是随着环境和经验的改变而发展。因此，评价学生时应该采用发展的眼光，关注他们的成长和进步。

2. 多元智力理论下英语教学评价的必要性

在多元智力理论的指导下，英语教学评价的目标是实现每名学生的全面发展，确保每名学生都能在自己的优势领域得到认可和提升。这一理论下的评价模式不再局限于传统的、单一的成绩评价，而是转变为一种更为全面和立体的评价方式。

承认每名学生的智力特点和优势是不同的。每名学生都有自己擅长的领域和独特的智力构成因素。因此，评价不应只关注学生的成绩，而应该深入了解每名学生的智力特点和优势，为他们提供有针对性的指导和支持。除了传统的语言和逻辑智力外，学生的音乐、运动、人际交往等其他智力领域也应得到关注和评价，有助于发现学生的多元智能，激发他们的潜能，促进他们的全面发展。

注重学生的个体差异和发展需求。每名学生都有自己的学习方式和成长路径。评价不应"一刀切"，而应该根据学生的个体差异和发展需求进行个性化的评价。通过这种方式，可以更好地了解学生的优势和不足，为他们提供更有针对性的指导和建议。

强调评价的动态性。学生的智力发展是一个动态的过程，会随着环境和经验的改变而发生变化。因此，评价不应只关注学生的当前表现，而应该用发展的眼光看待他们，关注他们的成长和进步。

（二）多元智力理论下英语教学评价优化策略

多元智力理论与教育结合推动个性化发展，尤其在英语教学中，教师应根据学生的智力差异，挖掘其强项，激发潜能，促进学生的个性化发展。

1. 评价方法的多元化

高校英语教育的评价改革面临着一系列的挑战和机遇。传统的笔试评价方式已经无法满足现代教育的需求，因此需要采用更多元化的评价方法来全面评估学生的学习效果。

除了在线测试、课堂观察和作业评价等评价方法外，还可以考虑以下几种评价方法。

（1）口语评价：口语是英语学习中非常重要的一部分，可以采用口语评价来评估学生的口语表达能力。通过与学生进行面对面的交流，教师可以了解学生的口语流利度、发音、语法和词汇等方面的表现。

（2）项目评价：是一种以学生为中心的评价方法，通过让学生完成一个实际的项目或任务来评估学生的语言应用能力和解决问题的能力。这种评价方法可以激发学生的学习兴趣，提高他们的实践能力。

（3）学习档案评价：是一种长期跟踪的评价方法，通过记录学生在学习过程中的表现和进步，来评估学生的学习成果。这种评价方法可以帮助学生建立良好的学习习惯，促进他们的自主学习能力。

（4）测试系统评价：采用智能化的测试系统，对学生的英语水平进行实时评估和反馈。这种评价方法可以快速准确地检测学生的学习水平，帮助学生及时发现自己的不足之处。

2. 评价工具的多元化

高校英语教育的评价改革不仅是一个技术问题，更是一个教育理念和教育模式的变革。我们需要重新审视现有的评价方式，打破单一的、传统的评价模式，转向多元化、全面化的评价体系。

评价不仅仅是为了给学生一个分数或等级,更是为了促进学生的学习和发展。因此,评价应该关注学生的综合素质和能力,而不仅仅是语言知识。除了传统的笔试和口试外,还可以利用在线测试、数字技术、智能系统等工具,实现对学生全面、客观、准确、及时的评价。例如,利用智能语音识别技术对学生的口语进行评价,利用在线写作平台对学生的写作能力进行评价,利用数据分析技术对学生的英语应用能力进行评价。

评价不仅是一个结果,更是一个过程。在评价过程中,需要关注学生的学习态度、学习方法、学习策略等方面的表现,及时给予反馈和建议。通过有效的反馈,可以帮助学生更好地认识自己的学习状况,发现自己的不足之处,及时调整学习策略和方法。此外,还需要建立一个多元化、全面化的评价体系。这个体系应该包括学生的知识技能、思维能力、情感态度等多个方面。通过这样的评价体系,可以更全面地了解学生的综合素质和能力,为他们的未来发展提供更好的支持和服务。

3. 评价主体的多元化

高校英语教育的评价改革需要全面考虑评价主体的多元化,以实现评价的公正、客观和准确。评价主体的多元化不仅包括教师、学生和家长,还可以引入更多的利益相关者,如行业专家、企业等,共同参与评价。

行业专家和企业作为评价主体,可以提供更加实际和实用的评价标准。他们可以根据行业需求和实际应用场景,对学生的英语应用能力进行评估,提供更加贴近实际需求的评价结果。这样的评价方式可以更好地反映学生的实际能力和未来的职业发展潜力。

除了评价主体的多元化,还需要建立更加完善的评价体系。这个体系应该包括评价目标、评价标准、评价方式、评价过程等多个方面。评价目标应该与高校英语教育的培养目标相一致,评价标准应该全面、客观、科学,评价方式应该多样化,评价过程应该透明、公正。

同时,还需要注重评价数据的分析和利用。通过收集和分析大量的评价数据,可以了解学生的学习情况、教师的教学效果以及课程设置的合理性等方面的问题。这些数据可以为教育行政部门和高校提供决策依据,帮助他们更好地制定教育政策和管理措施。

4. 评价过程的多元化

高校英语教育的评价改革需要注重评价过程的多元化，以实现评价的全面、客观和准确。评价过程的多元化不仅包括评价前、评价中、评价后等各个阶段的多元化，还包括评价方式的多元化。

在评价前阶段，教师可以通过在线测试、智能分析等技术，了解学生的学习情况、学习风格、学习需求等方面的信息，为他们制定个性化的评价标准和评价方法提供依据。同时，教师还可以利用数字技术，为学生提供在线学习资源、学习辅导和学习反馈等，帮助学生更好地准备评价。

在评价中阶段，教师可以通过多种评价方式，如在线测试、课堂观察、小组讨论、项目展示等来全面了解学生的学习成果和表现。这些评价方式可以相互补充，帮助教师更加准确地评估学生的学习情况。例如，在线测试可以用来考查学生的语言知识掌握程度，课堂观察可以用来考查学生的学习态度和参与程度，小组讨论可以用来考查学生的团队合作能力和沟通能力，项目展示可以用来考查学生的创新能力和实践能力。

在评价后阶段，教师可以通过数据分析、学习分析和反馈等方式，对评价结果进行深入分析和解释，为学生提供个性化的反馈和建议。同时，教师还可以利用数字技术，为学生提供在线学习辅导和学习资源等，帮助学生更好地改进学习方法、提高学习效果。

三、评价体系的构建

（一）评价体系的设计思路

1. 评价体系的应用优势

除了创建语言文化环境和落实因材施教外，评价体系还有其他几个方面的优势和价值。

（1）为学生提供了个性化的学习路径。学生可以根据自己的学习进度和理解能力，自主安排学习时间和地点，选择适合自己的学习资源。这种自主性不仅提高了学生的学习积极性，还培养了他们的自主学习能力。

（2）为学生提供了更多合作学习的机会。学生在课下可以互相交流、讨论，共同解决问题，这种合作学习有助于培养学生的团队协作能力和沟通能力。

（3）便于学生主动思考、探究问题，积极寻求答案。这种深度学习的方式有助于培养学生的批判性思维和解决问题的能力。

（4）对教师的专业素养提出了更高的要求。教师需要制作出高质量的教学视频，设计有深度的学习活动，为学生提供及时的学习指导和反馈。这种挑战有助于促进教师的专业发展和提升教师的教学水平。

（5）通过引入先进的教育技术手段和灵活的学习方式，提高了教学质量和效果。学生可以在轻松的氛围中学习，积极参与学习过程，提高学习效果和学习满意度。

2. 评价体系的构建原则

在构建评价体系时，应遵循教学主体二重性、学习过程与学习成效并重性、评价指标体系的系统性等原则。

教学主体二重性要求以学生发展为基础，突出学生的主体地位，尊重学生的个体独立性，关注学生的学习状态与思想变化，充分调动学生的学习积极性。意味着学生不仅是接受知识的对象，更是积极参与教学过程、主动探索和建构知识的主体。因此，评价体系应注重学生的参与度、合作能力、自主学习能力等方面的评价，以全面反映学生在英语课堂中的学习状况和发展水平。

学习过程与学习成效并重性要求评价体系既关注教学过程，也注重学习成效。传统评价体系往往过于功利，只关注学习成效而忽略教学过程的科学性，而这里的评价体系强调课前预习、课堂互动、课后巩固等环节，因此评价体系应涵盖课前预习材料的准备、课堂互动和讨论的质量、课后作业和实践活动的完成情况等方面。通过全面评价教学过程和学习成效，可以更准确地反映新的评价体系模式下的教学质量，有助于教师及时调整教学策略，提高教学效果。

评价指标体系的系统性要求评价体系能够系统地体现教学过程的完整性。包括对课堂前期材料准备的评价、课中教学形式内容的评价、参与者体验感的评价以及最终达到的教学成效的评价。具体来说，评价指标体系应包括课前预习材料的难易度、课堂互动的深度和广度、学生参与度、作业完成情况、考试成绩等方面。通过设置合理的评价指标体系，可以全面、客观地评价英语课堂教学质量，为改进教学方法和手段提供有益的反馈和指导。

（二）评价体系的构建

1. 评价指标的形成

指标设计的依据主要包括学术研究、评价体系的应用优势、评价体系的经典课堂模式以及实证研究和实践检验等。通过综合考虑这些因素，可以初步设计出高校英语的评价体系，不断完善和优化，以适应不同教学环境和课程要求。

一是课前准备。课前准备是非常关键的一环，因为它奠定了学生自主学习的基石，并直接影响后续课堂学习的效果。

关于材料内容的选择，教师应确保其与教学大纲高度相关，具有一定的拓展性。意味着材料不仅应覆盖课程的核心知识点，还应能引发学生的好奇心，激发他们的探索欲望。通过提供与主题相关的有趣、新颖的内容，教师可以帮助学生建立对课程的兴趣，增强他们的学习动力。

关于材料时长的控制和数量的选择，教师需要找到一个平衡点。过长的材料可能会使学生感到疲劳，而过短或过量的材料则可能无法满足学生的学习需求。时长与数量的适度性将直接影响学生的学习效果和课堂讨论的深度。

对于材料的难度设置，教师应考虑学生的不同层次和背景。理想的情况是，材料应具有一定的层次性，以满足不同学生的需求。对于基础较弱的学生，材料应提供足够的支持以帮助他们理解基础知识；对于基础较好的学生，材料则应具有一定的挑战性，激发他们的思考和探索。

课前准备的质量不仅关乎学生的自主学习效果，还直接影响到他们在课堂上的参与度和互动性。因此，教师需要给予这一环节足够的重视，确保所提供的材料既有趣又具有教育意义，同时还能满足不同学生的学习需求。

二是课中环节。课中环节是翻转课堂实施的关键，因为这是学生将课前所学与课堂实践相结合、深化理解和应用知识的阶段。

互动形式是课中环节的核心。一对一的互动形式使得教师能够更好地了解学生的个体差异，针对学生的具体问题进行解答。这种互动形式有助于提高学生的学习效果，因为教师能够提供个性化的指导，满足学生的个性化需求。分组互动则可以培养学生的团队协作能力，通过小组讨论和协作，学生可以更深入地探讨问题，共享观点和知识。

课程进度也是影响课堂学习效果的重要因素。教师需要根据学生的学习进度和掌握程度，适时调整课程进度。注重个体差异，频繁调整进度的方式可以使教师更好地满足学生的学习需求，提高学生的学习效果。尊重平均水平，遵循预设进度的方式则可能忽略了学生的个体差异，影响部分学生的学习效果。

教师的个人学术水平和个人魅力也是影响学生课中专注度的重要因素。教师的学术水平决定了其能否为学生提供高质量的教学内容和指导，而个人魅力则影响着学生对教师的喜爱程度和信任度。一个具有高学术水平和个人魅力的教师能够更好地吸引学生的注意力，提高他们的学习效果。

三是师生反馈。师生反馈是翻转课堂评价体系中不可或缺的一环，因为它直接关系到教学过程的持续改进和优化。

教师的教学体验感对于整个教学过程的质量和效果有着重要的影响。教师在课堂中的角色不仅是知识的传授者，更是课堂活动的组织者和指导者。教师需要观察学生的学习状态，评估学生的学习效果，及时调整教学策略。教师的教学体验感主要包括对课前准备、课堂互动以及学生反馈等方面的满意度。

学生的学习体验感是评价翻转课堂质量的重要依据。在课堂中，学生成为学习的主体，他们需要积极参与课堂活动，主动探索和建构知识。学生的学习体验感主要包括对课前预习、课堂互动、学习效果以及平台使用等方面的满意度。一个好的学习体验可以激发学生的学习热情，提高他们的学习效果。

平台性能的使用体验感也是师生反馈的重要方面。在英语课堂中，平台作为学生学习和教师教学的支撑工具，其性能的优劣直接影响到师生的使用体验。平台性能的评价指标主要包括网络服务器的承载能力、网页的观赏性、操作的便捷性等。一个稳定、高效、易于操作的

第三章
英语教学要素的改革与创新

平台能够为师生提供更好的教学和学习体验。

师生反馈的评价二级指标主要包括教师的教学体验感、学生的学习体验感和平台性能的使用体验感。通过收集和分析师生的反馈意见，可以更好地了解英语课堂的教学效果和存在的问题，从而有针对性地进行改进和优化，提高教学质量和学习效果。

四是掌握程度。掌握程度的评价是英语课堂教学质量评价的核心，因为它直接反映了学生的学习效果和英语课堂的教学优势。

对于知识掌握程度的评价，英语课堂提供了更多样化的评价方式。除了传统的考试成绩，教师还可以通过课堂互动、小组讨论、个人展示等形式来评价学生的学习效果。这种多元化的评价方式能够更全面地了解学生的学习状况，发现学生的优势和不足，提供更有针对性的指导。

英语课堂的评价模式也更具创新性。传统的评价模式通常是以教师为主体，对学生进行单一的评价。当前的英语课堂要求教师采用学生互评、师生互评等多种评价模式，使评价过程更加民主、开放和多元。这种评价模式能够培养学生的批判性思维和协作能力，同时也可以促进师生之间的互动和交流。

对于未来学习能力的评估，英语课堂注重激发学生的学习自主性和培养学科思维体系。学习自主性的激发主要表现在学生是否能够主动参与学习过程、积极探究问题并持续保持学习的动力。学科思维体系的建立则表现在学生是否能够将所学知识进行系统性整合，形成对该学科的全面认识和理解。

掌握程度的评价主要包括知识掌握程度的评价和未来学习能力的评估两个方面。通过对知识掌握程度的多元化评价和评价模式的创新，以及对学生学习自主性和学科思维体系的关注，可以更全面地了解英语课堂的教学效果和学生的学习状况，为进一步优化教学过程和提高教学质量提供有益的反馈。

2. 指标权重的形成

如表 3-3 所示。

表 3-3 评价体系指标和权重

一级指标		权重	二级指标	权重
评标和权重	课前准备	28.70%	材料内容	12.31%
			材料时长与数量	7.98%
			材料面向受众	8.41%
	课中环节	31.02%	互动形式	11.11%
			课程进度	13.60%
			教师个人	6.31%
	师生反馈	15.74%	教师的满意程度高	5.32%
			学生的满意程度高	7.36%
			平台的性能好	3.06%
	掌握程度	24.54%	出现新的评价内容	7.28%
			出现新的评价模式	5.45%
			学习自主性的激发	7.04%
			思维体系的建立	4.77%

（三）基于评价体系的反思

1. 推动英语评价体系构建的相关建议

（1）重视课中环节。在构建新的评价体系过程，课中环节是至关重要的一个环节。根据《评价体系指标和权重》调研发现，大多数师生都非常重视对课中环节的评价，尤其是课程进度这一方面。

课程进度是评价体系在课堂实施过程中的一个关键因素，它不仅关系到学生的学习效果，还直接影响到课堂的教学质量。学生通过课前预习已经对课程内容有了一定的了解，但课堂上的学习仍然必不可少。教师在课堂上的引导作用对于控制课程进度和把握课堂节奏至关重要。

课程进度的把握需要教师根据学生的学习进度和掌握程度来进行适时调整。如果学生课前预习完成度高，对课程内容有较好的理解，那么教师可以适当加快课程进度；反之，如果学生课前预习效果不佳，对课程内容存在较多疑问，那么教师就需要放慢课程进度，给予学生更多的时间来消化和理解知识。

当学生进行课堂讨论时，教师需要引导学生提出有意义的问题和讨论方向，以确保讨论内容与课程内容紧密相关。同时，教师还需要通过观察学生的表现和反馈，及时发现学生在学习过程中的问题和困惑，并给予及时的指导和解答。

此外，教师还需要通过后台大数据来分析学生的学习情况，以便更好地掌握学生对知识点的整体掌握程度。这样教师就可以根据学生的实际情况来合理平衡课中答疑时间和思路引导工作，尊重预设的教学进度。

（2）传统的终结性评价方式已经无法满足教学需求。为了更好地评估学生的学习效果，教师需要创新评价环节，引入更多新的评价内容和评价模式。

新的评价内容应该更加多元化，不仅包括传统的考试成绩，还应该包括学生的学习报告、创作作品、思维导图、结课论文等多种形式。这些新的评价内容可以更全面地反映学生的学习状况，包括知识掌握程度、思维能力、实践能力等多个方面。

新的评价模式也应该更加多样化，包括组内互评、组间互评、师生互评等多种形式。这些评价模式可以更客观、公正地评价学生的学习效果，同时也可以培养学生的协作能力和批判性思维。

在课前评价中，教师可以通过学习平台的数据留痕，了解学生的课前预习情况，包括学生视频学习用时和次数等，从而评估学生的学习态度和积极性。这些数据可以为教师提供更加精准的教学反馈，帮助教师更好地指导学生的学习。

课后评价可以更加趋向于学以致用的考核内容，如各种形式的学习成果展示。这些成果可以是学生的个人或团队作品，也可以是学生通过在新的评价体系影响下所学知识的实际应用。通过这些成果展示，教师可以更全面地评估学生的学习效果，同时也可以激发学生的学习兴趣和创造力。

2. 英语评价体系下课堂存在的问题

（1）学生学习效率各不相同。在新的英语评价体系下，学生的学习效率各不相同，受到多种因素的影响。课前预习、课上探究和课后巩固是新形势下英语课堂的三个关键环节，都需要学生具备学习的主动性和积极性。然而，新形势下英语课堂对学生的要求较高，需要经过系统的、长期的训练才能获得预期的效果。

对于许多学生来说，大学是他们开始接触英语评价体系改革的阶段。相比过去以教师讲授为主的传统课堂模式，英语评价体系下的课堂要求学生更加积极主动地参与学习过程。然而，这种转变对于学生来说并不容易，需要一定的适应和学习过程。一些学生可能会因为不习惯新的学习方式而感到困惑或挫败，导致学习效果不佳。

此外，如果学生在课前预习环节没有充分准备，课堂上的探究和讨论就会受到影响，课程进度可能会变得缓慢。这种情况下，英语课堂可能会流于形式，变得过于表演性质，失去了其原有的教学价值。

为了解决这些问题，教师需要采取一系列措施来提高学生的主动性和积极性。例如，教师可以制订明确的学习计划和目标，提供丰富的学习资源和指导，以及在课堂上采取多样化的互动形式来激发学生的学习兴趣和动力。同时，教师还需要关注学生的学习状况，及时发现和解决他们在学习中遇到的问题，并提供必要的帮助和支持。

另外，学校和教育部门也需要对英语课堂进行系统性的规划和推广。他们可以组织培训和研讨会，帮助教师掌握英语课堂的教学理念和方法，同时也需要提供足够的技术和资源支持，以确保英语课堂的顺利实施。

（2）课堂管理容易顾此失彼。在英语评价体系下，课堂管理是一个需要特别关注的问题。由于英语评价体系具有高度的灵活性和自主性，教师要更好地管理课堂，以保持学生的学习积极性和参与度。

教师要制定明确的课堂管理规则，确保学生明确了解在课堂上应该遵守的纪律和规范。包括禁止在课堂上使用手机、保持安静、积极参与讨论等。教师要在课前向学生明确这些规则，在课堂上进行适时的提醒和监督。教师可以采用一些有效的课堂管理技巧来提高课堂的管理效果。例如，分组管理，将学生分成小组，每个小组由不同的学生组成，通过小组之间的竞争和合作来提高学生的参与度和互相学习的效果。教师还可以采用随机点名、小组展示等形式来督促学生积极参与课堂活动。

另外，教师还要加强对学生的个体差异的关注。由于学生的学习基础、学习风格和兴趣爱好各不相同，教师需要充分了解学生的特点，根据学生的实际情况进行个性化的指导和帮助。这样可以更好地满足学生的学习需求，提高学生的学习效果和积极性。教师还要不断地反思和改进自己的课堂管理方式。英语评价体系的实施需要教师不断探索和实践，通过总结经验和教训，不断完善自己的教学理念和方法，提高课堂管理的效果和质量。

第四章

网络与生态维度下的英语教学

　　网络与生态维度下的英语教学是指在当前数字化、网络化和全球化的背景下，从网络和生态的角度来审视和改进英语教学的方法和策略。这两种教学理念强调英语教学应该关注个体与网络环境、个体与自然环境之间的互动关系，充分利用网络技术的优势，为学生创造一个更加真实、生动的学习环境。

第四章
网络与生态维度下的英语教学

第一节　网络维度下的英语教学

一、基于社交媒体的大学英语教学模式建构与应用

（一）社交媒体概述

社交媒体（Social Media）是一种基于互联网的平台，使用户能够创建、分享、交流和评论各种形式的内容，如文本、图片、音频、视频等。社交媒体的兴起和发展极大地改变了人们的生活方式、沟通方式和信息获取方式。

在互联网技术飞速发展的过程中，社交媒体的覆盖范围逐渐扩大，在人们学习和生活中所发挥的作用也越来越重要，极大地改变了人们的信息传递方式、思想交流渠道以及人际交流手段。同社会大众媒体不同，社交媒体的交流模式为多向、网状型结构，是专门供人们发表观点、看法，开展创作和交流思想的虚拟化社交网络平台，使人人都拥有编辑能力、选择权利，能够结合自身偏好和需求组建特定的阅听社群。

网络技术和智能终端的飞速发展有效地促进了高等教育与社交媒体的整合，有效转变了教育模式，促进了高等教育事业的进一步发展。当下，微博、微信、博客、论坛、QQ、Wikipedia、Facebook、Instagram 及社交网站等是应用率较高的社交媒体，已经成为公众生活和人际交往中不可或缺的部分。尤其是在互联网时代背景下，社交媒体的广泛流行和发展，同手机、个人电脑等智能终端的联系更加紧密，成为新型的交流方式及互动平台，使人们能够随时随地获取信息、开展人际交往活动。作为社交媒体软件的一大用户群体，高校学生在学习、购物、娱乐和社交的过程中，普遍习惯利用智能手机来查看信息、开展信息沟通交流，满足自身各方面的需求。社交媒体对高校学生的

学习、生活产生了极大的影响，也为大学英语教学的网络化和信息化发展提供了全新的方向，有助于大学英语教学的深化改革。

(二)社交媒体广泛应用给大学英语教学带来的发展机遇

在"互联网+"时代背景下，整合社交媒体与大学英语教学成为必然趋势，为大学英语教学模式的创新带来了有利的发展机遇，有助于打造出迎合新媒体时代教育发展需求的全新教学模式。

1. 为教学工作的开展提供便利，转变了大学英语教学模式

在传统的教学方式中，师生之间的沟通往往受到时间和空间的限制，而在社交媒体平台上，师生之间的沟通可以随时随地进行。高校依托社交媒体落实大学英语课程教学工作的过程中，教学活动不再仅限于线下课堂，能够在网络中搜索、汇总大量的英语素材，使英语教学内容更加丰富和充实，也便于教师结合线下课堂教学进度和状况，将课堂教学与线上教学协同起来，大大提高了大学英语教学的质量。基于社交媒体平台的大学英语教学模式方便教师向学生讲解相关的英语知识，可以依托英语语言理论知识，有效融入时事新闻、沟通技能等内容，支持学生在课下结合自身的时间和需求反复观看教学视频，对巩固学生的学习成果，加深学生的印象和解决学习中的问题都有很大的帮助。学生在全新的大学英语教学模式下也能够提升自主学习能力、英语应用能力，从而保障学生的英语学习成效。

2. 促进师生间的沟通、互动，提高了学生的学习热情

通过社交媒体平台，师生能够在大学英语教学中进行有效的互动，激发学生的学习积极性。高校将传统的大学英语课堂教学与社交媒体平台进行融合，采用混合式教学模式开展大学英语教学活动，能够强化师生间的互动。在社交媒体平台下，大学英语教学的方式变得更加多样化，能够快速、高效和大规模地传播英语知识，深化教师和学生间的互动。在落实大学英语教学工作的过程中，教师可以依托社交媒体平台来传输大学英语教学资料、布置作业及课题任务，这就提高了大学英语教学效率，同时也能够让教师在线上同学生进行积极的互动。教师在线上可以了解学生的学习状况、学习进度，及时给予学生指导，

第四章
网络与生态维度下的英语教学

也能够动态化地掌握学生的思想情况，帮助学生解答在学习和生活中遇到的问题，使学生能够熟练地掌握和运用英语知识。基于社交媒体平台的大学英语教学可以充分调动学生的学习兴趣，使其积极参与多样化的教学活动，学习和掌握更多的英语知识，养成良好的英语学习习惯。

3. 构建全新的教学氛围，提升了教学质量

社交媒体的普及使学生获取信息的渠道和方式发生了翻天覆地的变化。他们不再局限于传统的课堂和图书馆，而是可以随时随地地获取各种学习资源。因此，高校在有机整合大学英语教学与社交媒体的过程中，要充分发挥社交媒体的优势，依托社交媒体软件来优化课程结构，这样可以更加直观化、生动化地呈现英语教学内容，拓宽学生的眼界，让学生了解更多与课堂教学内容相关的知识信息，提升学生的英语素养，全面提升大学英语教学的实效性。

利用功能强大的社交媒体平台，教师能够在线下讲解理论性的大学英语教学内容，在线上教学中对英语知识的文化内涵进行深度挖掘，灵活采取实例教学、讨论式教学等手段，帮助学生扎实掌握英语知识，让学生在轻松、愉悦的环境下学习英语知识，获得全新的英语学习体验，感受到学习英语的乐趣，拥有较强的英语语言技能。

（三）基于社交媒体的大学英语教学特征

借助社交媒体平台开展大学英语教学工作，可以使大学英语教学呈现出便捷化、情境化、互动化、综合化的特征，为学生提供更加全面和优质的英语教学资源，提高大学英语教学质量，迎合学生的学习需求。

1. 便捷化

社交软件相较于其他教学软件，在辅助大学英语教学方面具有独特的优势，不仅容易被学生接受和应用，还支持学生利用碎片化的时间，随时随地开展英语学习活动。学生只需在智能终端安装并打开社交软件，就能够学习大学英语知识，观看英语教学视频，能够及时学习新的内容并巩固课堂所学的知识，非常方便地完成英语学习任务。

同时，教师可以利用社交软件来更加便捷化地开展大学英语教学活动，上传制作的课件或录制的课程，将知识信息实时性地推送给学生。

2. 情境化

大学英语教学内容相对枯燥，很容易让学生产生疲倦感，而在教学过程中引入社交软件，能够为学生创设针对性的情境，促使学生获得全新的学习体验，在充分掌握英语知识的基础上了解实践用途，实现对英语知识的灵活化运用，有效进行英语沟通和交流。教师利用社交软件来打造教学情境，可以吸引学生的注意，让学生沉浸式地投入大学英语教学活动中，感受到学习英语知识的趣味性，真实体会中西方文化差异，对学生英语学习能力、知识应用能力等的提升均具有积极的作用。

3. 互动化

基于社交媒体的大学英语教学具有明显的互动化特征，为学生与学生、学生与教师间的实时沟通和交流提供了有力的支撑，让学生真正成为学习的主体，充分参与到大学英语教学活动中。学生除了在课堂中与教师、其他学生进行互动，在课下也可以运用社交软件，围绕英语课题、作业等发表自身的观点，听取他人的意见，寻求教师的指导，可以显著提升学生的学习效率。教师也可以利用社交软件及时了解学生的学习状况，布置作业及任务，或指出学生作业存在的问题，确保学生扎实掌握英语知识。

4. 综合化

大学英语教学与社交媒体的融合使学生拥有更多的时间、机会来锻炼英语口语能力、书写能力和实践应用能力。教师借助社交软件为学生创建学习平台，通过人机对话训练、口译训练、小组讨论或作业写作等方式，使学生参与专项化的听、说、读、写技能练习，引导学生将所学的理论知识运用到实践过程中。这种综合化的大学英语教学形式不仅可以让学生扎实掌握英语理论知识，还能为学生提供大量参与英语实践练习的机会，提升了学生的英语综合素质和能力。

此外，基于社交媒体的大学英语教学还具有以下特征：

（1）个性化：教师可以根据学生的兴趣和需求，推荐合适的社交媒体资源，实现个性化教学。

（2）跨文化性：学生通过社交媒体可以接触到不同国家和地区的文化，增强自身的跨文化交际意识和能力。

（3）自主性：学生在社交媒体上可以自主选择学习内容和方式，发挥主观能动性，提高学习效果。

（4）评估性：教师可以通过社交媒体了解学生的学习过程和成果，及时给予指导和评价。

（5）创新性：基于社交媒体的英语教学鼓励教师尝试新的教学方法和手段，如翻转课堂、混合式教学等。

（6）网络效应：社交媒体上的网络效应有助于形成学习共同体，学生之间可以相互学习、交流和激励。

教师应充分利用这些特征，创新教学方法，提高教学效果。同时，也应注意防范社交媒体可能带来的风险。

（四）社交媒体在大学英语教学中的应用

在新媒体时代背景下创新和改革大学英语教学模式时，教师可以积极引入社交媒体，运用多种社交软件来丰富教学方式，将社交媒体全方位融入大学英语教学中，明确全新的大学英语教学路径，创建轻松、愉悦的教学课堂，提高学生的英语学习效率，培育高素质的应用型英语人才，以顺应时代的发展和要求。

1. 建立基于社交媒体的移动网络教学平台

在社交媒体广泛应用的背景下，高校学生普遍借助智能终端开展信息沟通、分享和交流活动。对此，高校可以建立基于社交媒体的移动网络教学平台，支持学生通过智能手机来获取大学英语知识，拓宽大学英语教学空间，弥补传统课堂教学模式的弊端，为学生的英语学习活动提供便利。高校搭建基于社交媒体的移动网络教学平台，方便学生通过手机或平板观看英语教学视频，利用好学生的碎片化时间，丰富和充实英语教学内容，让学生接触到更多专业化的英语知识，进一步延伸和拓展大学英语教学课堂。

大学英语教师可以利用基于社交媒体的移动网络教学平台，围绕教学内容及目标，广泛搜集相关的素材，将优质知识信息推送给学生，满足学生差异化的学习需求，落实高质量的大学英语教学工作。同时，教师要在移动网络教学平台中选取优质的线上课程，或自主制作课件、微视频等，筛选出符合大学生实际水平和状况的大学英语教学内容，通过音频、图片或文字等不同形式讲解大学英语知识，引导学生学习英语单词、句式和语法等基本知识，以方便学生理解和记忆，使大学英语教学更加贴合学生的学习习惯。针对大学英语教学中听、说、读、写、译能力的专项训练，教师可以依托移动网络教学平台，在微信、微博、社交网站等设置专项的训练任务，要求学生在线上完成专题学习任务，如英文电影配音、英语文章翻译、英语辩论赛等，借助社交软件的强大功能来保障学生的英语学习效果。例如，在开展"Spend or save-The student's dilemma"大学英语课程教学时，可以在微博、微信等在线教学平台中上传预习任务、微视频，提前鼓励学生进行自主学习，搜索相关知识，并设置一些测试题目，让学生完成在线测试，支持学生通过自主学习或小组合作学习的方式进行在线预习，保障学习效果。

2. 促进线上教学和线下教学的有效融合

在大学英语教学中，教师可以构建混合式教学模式，促进线上教学和线下教学的有效融合。对此，高校应基于传统课堂教学，依托社交网站、微博、论坛及博客等载体，有效融入翻转课堂，有效发挥社交媒体平台的优势，让学生能够提前预习课程知识，找到疑惑点，有针对性地参与到课堂教学中，更加透彻地掌握英语知识。大学英语教师在衔接线下课堂与线上教学的过程中，可以依托社交媒体平台，运用情境创设、案例教学、问题引导等多种不同的教学手段，条理清晰地向学生讲解英语知识，帮助学生构建知识框架，使学生成为教学的主体，促使学生真正理解、掌握和运用英语知识。在大学英语课堂教学中，教师应运用社交媒体平台开展课题讨论、随堂测试、问题讨论、评价分析等教学活动，结合学生的学习反馈来优化、调整教学方案，让学生能够有效掌握英语知识，使其具有较强的英语应用能力。在大学英语混合式教学模式下，教师通过微信、论坛以及微博等途径来强化同学生的沟通，不断优化教学方式，最大限度地提高英语教学效率，及时帮助学生解决在学习过程中遇到的问题，并确保学生能够随时随地开展英语学习活动。

第四章
网络与生态维度下的英语教学

教师作为大学英语教学工作的组织者和开展者，在借助社交媒体促进线上教学和线下教学有效融合的过程中，可以结合学生的英语基础和学习能力，将学生划分为不同小组，研制出差异化的大学英语教学方案，实施层次化和个性化的大学英语教学活动，鼓励学生在线上分享学习收获，沟通和交流英语学习体验，实现彼此学习、共同进步，提升自身的综合英语素养。而在课后，教师也可以在社交媒体平台中上传教学视频，归纳重点知识内容，让学生清晰把握英语知识的脉络，为学生英语学习成绩的提升奠定基础。例如，对于"Spend or save—The student's dilemma"教学内容，教师可以设置"Green consumption of college students in the era of low-carbon economy"的课题，鼓励学生在社交媒体平台中发表自身观点，开展师生、生生间的互相点评，发布随堂练习、音视频形式的相关英语文章，巩固学生对英语知识的掌握。在线下课堂教学过程中，教师可以组织学生通过PPT、情景剧表演等方式，学习有关消费观的知识，了解专业的词汇、词组和句式，确保学生可以在日常交流过程中熟练运用英语，具备良好的英语核心素养。

3. 构建基于社交媒体的多元化混合教学评价体系

依托社交媒体创新大学英语教学模式，还要改革和创新配套的教学评价体系，秉承"以评促学""以测促教"的基本原则，打造出多元化的混合教学评价体系，确保教学评价结果的准确性、全面性和科学性，弥补传统教学评价体系的不足。教师基于社交媒体开展大学英语教学工作时，应侧重对教学过程的评价，系统化和动态化地记录学生的平时成绩、课堂表现、线上自主学习状况等，实现过程性评价和终结性评价的融合，真实体现学生的学习状况，借助更新的评价体系来有效地评估大学英语实际教学效果，显著改善学生的学习效果，更好地迎合混合式教学的需要。

在新媒体环境下，借助基于社交媒体的多元化混合教学评价体系，教师可以在开展过程性评价工作时，结合学生打卡、课堂表现、回答问题、参与讨论、作业完成等各方面的情况，开展网上监控，综合评定学生的学习态度和学习成效，给予学生表扬和肯定，指出学生存在的问题，促使学生不断完善自我。对于终结性教学评价，教师需要通过期末测试的手段对学生的英语知识学习成果进行检测，明晰学生运用英语知识的能力，反映学生的学习成果。借助整合终结性评价和过程性评价的多元化混合教学评价体系，大学英语教师拥有更加便利化和先进化的评价方式，评定学生的学习成果，引导学生之间开展互相评价和自我评价，帮助学生树立英语学习的自信心，鼓励学生更好地投入大学英语学习过程中，实现学生英语综合能力的全面提升。

二、网络环境下大学英语分层课堂教学优化

在互联网技术快速发展的过程中，网络环境的到来对于教学工作提出新挑战。新技术提供新思路，由于互联网本身具备开放性、便捷性、趣味性、即时性等特征，教师对其加以利用来转变学生的学习方式，有助于改善提升学生学习效率。

下面以英语教学改革实践为依托，探究借助网络环境和信息技术对大学英语课堂教学的优化，注重不同语言层次的学生在网络环境下自主学习策略的构建、教师教育教学发展提升、网络环境下生态化大学英语分层课堂教学环境构建。

（一）大学英语分层课堂教学的现状和问题

1. 教师信息素养有限，缺乏对网络环境的正确认识

从高校实际开展的语言教学层面看，即使部分学校已经开展英语分层课堂教学，但在一定程度上缺乏对网络环境的重视，在改革过程中依旧遵循传统教学方式，网络环境更多的是一种补充手段，还没有真正转向现代的教学方式。在这种情况下，教师囿于传统线下大学英语分层课堂教学，没有充分发挥其信息素养，更没有将网络环境真正深度融合教学。

2. 大学英语分层教学模式与网络环境融合欠佳

现代教育理念要求实现教育教学与网络环境的有效融合，但是在实际教学过程中，部分教师因为主观原因造成二者之间无法做到优势互补。

第四章
网络与生态维度下的英语教学

3. 网络环境下大学英语分层课堂教学软、硬件环境建设还存在不足

从软件环境来看，网络环境下适合大学英语分层课堂教学的教学目标、课程设置、教学资源、教学评价体系等还有待探索和完善。从硬件环境来看，目前大部分大学英语课堂教学全部在多媒体教室、语言实验室进行。语言实验室自带多款测试及学习软件，但这些测试软件和学习软件程序性较强，缺乏个性化学习资源设置。

(二)网络环境下大学英语分层课堂教学优化方案

1. 教师教学提升优化途径

（1）教师教学信念优化。为了使网络环境下教师教学的信念信心得到加深与优化，有必要因时因地因事地转换教师的单一角色观，结合网络环境下的分层英语课程教学实践主观能动地赋予教师角色更多丰富的内涵和内容。在网络环境下，信息的增长和更迭是令人难以企及的，教师还应注重对学生产生的终生教育影响，在有限的课程内容里，教会学生学会学习、学会生活并最终要学会终身教育自己。网络环境下的教师教学信念优化必不可少地需要将终身教育的使命纳入自己的教学思考中来。

（2）教师信息素养和信息教学能力的优化。提升教师自身对网络环境的利弊进行准确把握的能力；提升教师积极引导大学生充分利用网络技术来提升自身英语水平的能力；提升教师利用计算机、手机平板等互联网设备，腾讯课堂、雨课堂等直播工具，网络在线教学平台等网络工具和软件等设计开发有助于培养和提升学生自主学习的学习活动的能力。

（3）教师分层教学内容优化。《大学英语教学指南》（2020年版）指出："大学英语教学目标分为基础、提高、发展3个等级。"[①]在具体的分层课堂教学过程中，教师应主动将这三个大学英语教学目标作为参照，对照所教层级学生的具体语言水平，客观上遵循不同语

---

① 教育部高等学校大学外语教学指导委员会.大学英语教学指南（2020版）[M].北京：高等教育出版社，2020.

言层次学生的认知结构和身心发展规律，甄选教学内容，制定教学要求。教学内容是一系列直接经验和间接经验的知识体系，在教学过程中基于教学目标和学生发展水平而组织生成。教学内容理应适合学生的语言水平和接受能力，理应满足教学大纲的基本要求。建构大学英语分层教学的内在基本要求就是对英语分层教学内容体系进行考量。例如，对于语法教学要求，针对不同语言层级水平的教学对象会有所差异。高级班重点在于难点梳理、语法经典句子模仿和写作运用，旨在语言运用正确并尝试创造性使用；中级班侧重知识点梳理和难点讲解，旨在厘清难点并尝试难点语法的写作运用；基础班侧重适度、够用，保证学一点、会一点、用一点，旨在做到写作时基本句型运用无误、时态运用基本掌握。

（4）教师教学方法多元化。《中国教育现代化2035》指出："创新人才培养方式，推行启发式、探究式、参与式、合作式等教学方式以及走班制、选课制等教学组织模式，培养学生创新精神与实践能力。"[1] 大学英语分层课堂教学的开展要考虑实现教学模式与网络环境充分融合，还要结合教学对象对应的语言层级水平，设计教学以便更好地发挥出网络技术的优势。就本校而言就是将分层教学模式、多元教学方法与网络环境充分融合。比如，在网络及多媒体教学设备的支持下，针对高级班学生着重采取产出导向型大学英语教学，中级班学生主要采取问题教学法，基础班级学生大量采用TPR直接式沟通教学法、分组合作教学法。

2. 学生自主学习优化途径

（1）学生学习观念优化。网络环境下的学习活动是一种自主式、参与式的学习过程，学生通过学习能将自己培育成为独立自主、有批判思维，高效率的学习者。在网络环境下，在教师的帮助下，学生应该摆脱传统学习观念的桎梏，实现从书本学习到网上学习、从线性学习到网状学习、从集体学习到个体学习、从被动学习到主动学习、从散点学习到整合学习、从从众学习到创新学习、从在校学习到终身学习的传统学习观念到网络学习观念的转变。

---

[1] 中华人民共和国教育部.中共中央、国务院印发《中国教育现代化2035》[EB/OL].http://www.moe.gov.cn/jyb_xwfb/s6052/moe_838/201902/t20190223_370857.html.

第四章
网络与生态维度下的英语教学

（2）学生学习动机优化。针对不同语言层级的学生采取不同的激励方式。高级班采用"启发引导—研究讨论—个性化钻研"的方式，重点在于培养学生分析和解决问题的能力，为终身学习的意识培育打下基础。中级班采用"启发引导—研究讨论—重点讲解"的方式，重点在于夯实学生语言基础，稳步提升语言成绩，逐步培养学习综合动力。基础班采用"稳抓稳打—提升兴趣—巩固所学—解决疑惑"的方式，重点在于强化其语言知识的理解、记忆，语言技能的内化、掌握，培养和加强学好英语的自信，做到所学有度、学有所用、用有所达，将他们语言学习的外部驱动力逐步转为内驱力。

（3）学生自主学习策略优化。根据元认知策略和认知策略这两个学习策略的要求，教师指导学生进行主动、积极的自我计划、监督、评价和调节学习过程；指导学生进行认知策略的相关培训和运用示范。如针对高级班学生制订等级考试中关于听力、阅读在临考前三个月进行提高的学习计划；针对中级班学生制订针对等级考试的年度学习计划，以周为周期，阶段性学习侧重听力、阅读、写作、翻译；针对基础班学生制定课内外学习衔接计划。结合外语听、说、读、写、译、词汇等多项技能训练技巧融入相关认知策略，如复述、归纳、分析、推理等。要求高级班学生能够用英文写 E-mail、发帖或在手机短信、微信、QQ 聊天室、微博等平台与他人进行在线即时交流；能归纳网上英语听力或阅读材料的大意；中级班学生能在网上有自主意识地阅读有关语言技能、知识或者专业学习方面的英文材料，使用阅读策略来处理网络上的长文章；能利用网上的语音分析对比软件进行发音和口语练习；基础班学生能进行在线语言学习或下载各类英语学习材料，搜索语言知识信息，顺利完成关于语言技能的网络测评或练习；能模仿影视歌综艺里的经典片段，能开展配音练习。

3. 网络环境下生态化大学英语分层课堂教学环境构建

教育教学新常态——在线教育教学的出现和兴起呼唤新生态的创建。在探讨解决线下分层教学改革问题的同时需要考虑新常态的要求，提出网络环境下生态化大学英语分层课堂教学环境的构建，创建虚拟加现实的学习环境。

（1）完善网络环境下的分层教学特色教学平台、教学资源建设。《大学英语教学指南》（2020 年版）中指明："各高校应将网络课程纳入课程设置，重视网络在线课程建设，把相关课程放到网络教学平台上，使课堂教学与基于网络的学习无缝对接，融为一体。"① 由于在线学习具备个性化、智能化、泛在化的特征，高校可开展高级英语系列网络课程建设、中级英语系列网络课程建设、基础英语系列网络课程建设时，充分根据不同层级学生的需求和特征来设计。例如，有的高校采用"语言教学系统＋移动网络教学平台＋微时代特点"的外语分层教学体系，革新了传统的语言教学课堂，教学方式由传统形式转为现代的教学方式，课堂得到时间上和空间上的延展。

（2）创设网络环境下大学英语分层课堂教学。具体包含如下几个层面。

①网络环境下大学英语分层课堂教学设计。教师考虑不同语言层级水平的教学对象特征，利用网络环境激发和保持学生的学习兴趣；提供开放、多元的外语学习资源和机会；针对各层级教学班级中的学生的语言和认知水平培养外语学习策略；帮助学生解决个性化的外语学习困难。在信息化技术背景下，网络环境下的大学英语分层课堂教学优化要求教学设计需关注语言分层教学目标、设计语言分层教学活动、评估语言分层教学效果。以发展高级班学生的高阶思维能力为宗旨来指导高级班英语教学，尝试培养学生自主化、个性化、探究式、合作式学习策略，通过设计智能化、泛在化、个性化的学习过程、学习活动及学习内容，推动学生从关注理解课程相关的表层知识，到注重自身的高阶语言思辨性思维品质培养活动，在学习活动中逐步培养语言思维技能和思维品质；以强调培养自主学习和集中展示的方式来指导中级班英语教学，发展、提升其高阶思维能力，引导其从表征认知过渡到深层的语言知识和语言交际项目任务认知，进行语言实践，体现语言学习的实践特征；以确保学生参与整个教学环节、过程，掌握学习内容为基本要求来引领基础班英语教学。综合考量基于智能终端的师生互动、生生互动等学习行为，将线上线下的学习行为进行综合记录、测评并生成形成性评价体系，如实记录基础班学生在语言概念认知、语言学习策略和情感维度的发展变化，重视过程性进步和成果，不断鼓励基础班学生学有所获。

---

① 教育部高等学校大学外语教学指导委员会.大学英语教学指南（2020版）[M].北京：高等教育出版社，2020.

第四章
网络与生态维度下的英语教学

②强化师生互动。网络互动平台能够拉近师生距离，可以在网络平台上组织丰富的课外活动，借助平台中的科技互动形式，如高级班利用英语演讲、英语生活实践技能、英语职场能力展示、英语作业静态或动态展示、论坛等，促进教与学的互动；中级班采取视频英文朗诵、英文背诵、看图说话等活动；基础班采取对话表演、对话模仿等形式加强师生互动。

③尝试采用虚拟技术，创设情境化课堂。网络环境为大学英语课堂提供了更加生动、丰富、即时的内容素材选择，立体化教材及网络平台中丰富的教学资源能增强学生的学习趣性体验，提升学生的学习效率。教师还可以尝试利用技术手段创设生动形象的、接近真实的情境，激起学生的兴趣，促进学生自身对知识意义的建构。情境化课堂教学有助于创设适合深度学习的沉浸式环境，提升学生对英语知识的掌握程度。例如，教师可以借助模型和动画教学，根据具体科学原理创设简单的虚拟学习情景，激发学生的探索欲望，促进学生英语思维的快速发展，实现课堂教学效果的改善，还可用来进行科普类英语文章教学。在进行词汇讲解时可将媒体资源用到动画创造中，利用词汇意义可视化动画进行词汇可视化教学，创造生动高效的学习氛围。

④借助高校本地特色产业、文化资源，提升学生英语交流能力。教师发挥语言教学的特点，遵从语言实践性的本质，在教学过程、教学设计中融合对学生英语交流能力、英语实践能力的培养。

（3）加强网络环境下的教学硬件及软件条件建设。目前，很多高校已成功构建了一个资源较为丰富的大学英语语言实验室、多媒体及网络教学环境，如大学英语课堂教学全部在多媒体教室、语言实验室进行，对语言实验室的软件进行升级改造，包括大学英语四级词汇测试软件、英语习题通、Grammarly（英语写作辅助软件）、英语口语练习软件、CET-4听力、TOEFL-TPO、雅思模拟考试软件等在内的多款测试及学习软件，学生可以进行大学英语、考研英语、TOEFL、IELTS测试与训练。与此同时，教师需要积极利用学校的超星网络教学平台开展英语分层网络课程教学。

（4）构建网络环境下的分层教学多元评价体系。在网络环境下的大学英语分层课堂教学模式中，教师可以根据实际情况采用多种评价方法结合形成性评价和诊断性评价，形成动态发展多元评价体系。网络环境下的分层教学多元评价体系分为形成性评估和终结性评估。评价需要充分肯定学生作为参与者和合作者在评价过程中的主体地位。在现代教育教学技术和手段的帮助下采用网络学习笔记及记录，网络口语、听力、写作及阅读练习，课堂活动参与及质量测评，课外语言赛事活动参与及质量测评等多元方式，关注课堂，也应注意语言实践活动的参与与提升，帮助学生提升自我，增强学习自信。

三、虚拟现实技术在大学英语教学中的应用

虚拟现实（Virtual Reality，VR），又称为灵境技术，是20世纪发展起来的一种崭新的计算机网络技术实用技术，它可以通过数字的形式，虚拟出一个逼真的空间。虚拟现实技术通过计算机技术、电子信息技术、虚拟仿真技术等，为用户提供高沉浸感的内容，被广泛应用在多个领域，随着科学技术的进步，虚拟现实技术也取得了长足的发展，逐渐成为科技领域的风向标。

（一）VR+大学英语任务驱动教学法

1. 教学过程设计总体框图

在建构主义学习理论、具身认知理论、情境认知理论以及ARCS动机理论的指导下，根据大学生英语教学需求，在任务教学法的基础上，结合VR技术，从课前、课中、课后三方面进行教学过程设计，以支撑"VR+任务驱动教学法"应用于大学英语教学的教学实践研究，教学过程设计如图4-1所示。

2. 课前准备阶段的设计

（1）任务的分析与设计。在基于"VR+任务驱动教学法"的实训教学过程中，在课前准备阶段，教师的主要活动之一是进行任务的设计，如图4-2所示。结合ARCS动机模型中的R（Relevance相关）要素，任务设计要与知识点相关联，并结合学生实际学习情况，确保学生可以完成任务。因此，这个工作要在教学内容分析、学情分析、教学目标分析的基础上进行。

首先，要进行教学内容的分析，可以明确知识点之间的关联性、

第四章
网络与生态维度下的英语教学

知识点与实际生活的关联性、知识点的难度等方面，选取合适的内容作为本节课的知识要点进行教学。其次，进行学情分析，充分了解学生的前置知识与技能基础、学习态度等方面，可以明确知识点的讲解的轻重缓急。最后，进行教学目标的分析，提炼出注重学生认知的知识目标、突出学生能力训练的技能目标，更重要的是要有效融合思政元素，提升学生的情感态度价值观，培养德、智、体、美、劳全面发展的技能型人才，进一步明确学生在本次教学中的培养方向。

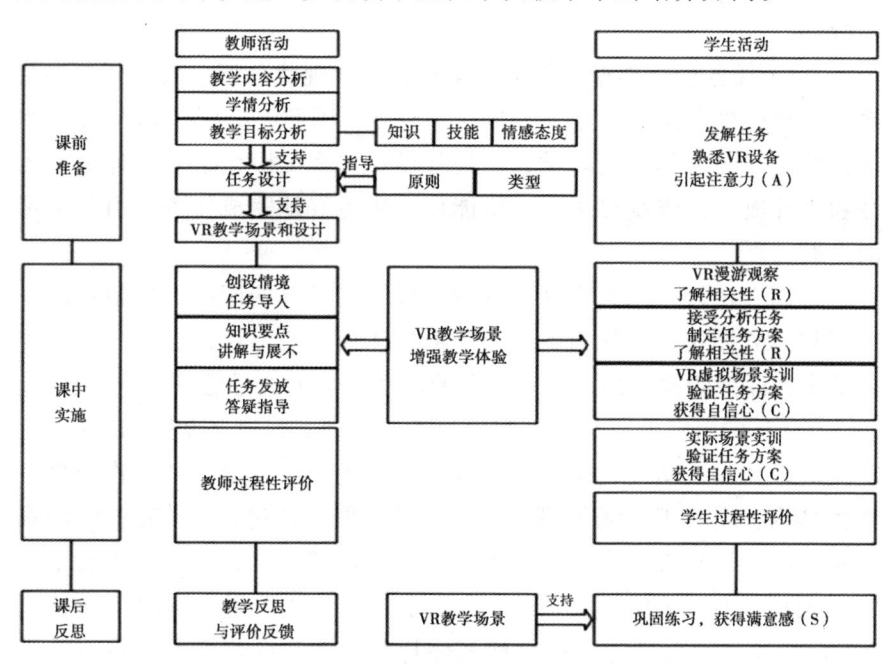

图 4-1 基于"VR+任务驱动教学法"的教学过程

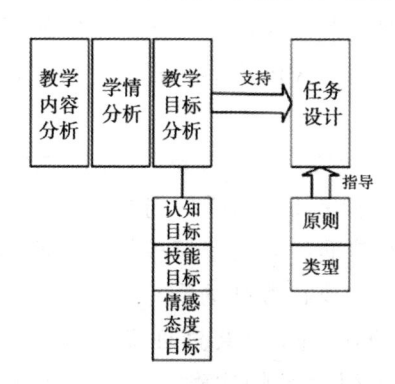

图 4-2 课前教师准备

有了上述分析的基础，在任务设计原则与任务设计类型的指导下进行任务设计，可在一定程度上保证任务设计的质量。

（2）任务设计原则。应用"VR+任务驱动教学法"的教学过程是以任务驱动教学法为教学方法，以任务为主线，贯穿教学的整个过程，同时再结合 VR 技术，增强教学体验。对于"VR+任务驱动教学法"的教学过程，在课前准备阶段，对于教师来说最关键的一环是任务设计，任务设计要在教学目标分析、教学内容分析、学情分析的基础上进行。

（3）任务设计类型。根据大学英语教学现状分析，大部分学生在教学中往往难以保持注意力，自律性较差。因此，应用"VR+任务驱动教学法"的大学英语教学，在任务设计类型上应该主要设计为封闭性和半开放性，难度要适中，应能使学生更好地完成任务，引起学习的兴趣。

（4）VR 教学场景设计。教师在设计好任务的同时，要根据任务内容与任务涉及的知识点，进行 VR 教学场景的设计，这部分内容主要是作为课中阶段教师讲解知识点的媒介与学生进行任务探究的手段。

在 VR 的沉浸性、交互性与构想性的支持下，通过虚拟 3D 模型、动画效果、人机交互，模拟任务与知识点涉及的内容，如工作原理、物体结构、现实工作场景等，可以让学生能够通过进入 VR 教学场景观察、探索，获得不同于现实场景中的沉浸式体验，有利于激发学生对探索探究任务的兴趣，起到增强教学效果的作用。同时，通过对 VR 教学场景的再设计，可以使其保持与现实的同步更新，可有效降低教学设施的更新成本，解决教学成本高的问题。设计 VR 教学场景，教师可针对自身情况，利用 VR 设备结合相应的开发工具进行自主开发，或选用市面上成熟的 VR 产品，提前进行调试，选择其中适合进行教学的场景。

（5）学生的课前准备。课前准备阶段对于学生来说也是十分重要的，主要目的是提前了解任务与学习内容，为接下来的课程学习打下基础。学生具体的课前准备包括了解教师本节课即将发放的任务，明确学习的目标及范围，要在教师的指导下熟悉 VR 设备，为接下来的 VR 实训打下基础，同时通过 VR 这种富有新鲜感的信息技术手段，激发学生的兴趣，吸引学生的注意力，即促进 ARCS 动机模型的 A（Attention 注意）因素。

3.课中实施环节的分析与设计

（1）教师的教学与评价环节。在基于"VR+任务驱动教学法"的实训教学过程中，即课中实施阶段，教师主要进行任务的导入与发放，具体活动如图4-3所示。

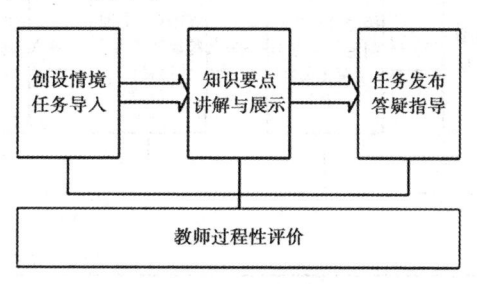

图4-3 课中教师活动

第一，创设情境，任务导入。情境的创设是课中实施的开始阶段，教师在创设情境并进行任务导入时，根据ARCS动机模型，教师应重视R因素，要将任务情境与知识点相关联，与实际生活和工作相关联，使得学生可以将理论和实际相结合，有效内化知识。

第二，知识要点讲解与展示。对于知识要点的讲解与展示，根据ARCS动机模型，教师应重视R要素，串联知识点，遵循由易到难的原则。除此之外，教师还可以利用课前所准备的VR场景，展示一些抽象立体的知识点，指导学生进入VR场景进行观察，根据建构主义学习理论与具身认知理论，学生在VR虚拟环境中，通过多重感官的刺激所产生的体验，在情绪上能够促进学生的共鸣，从而可以帮助学生将自身的认知系统与环境融为一体，促进学生在已有的知识经验上建构起新的知识经验。

第三，任务发布与答疑指导。在任务相关的知识点讲解完毕后，教师即可发布任务，并在学生分析任务时，及时地对学生提出的问题进行答疑解惑，对学生制订的任务方案进行答疑指导，适时指出任务方案的不足之处，确保学生能够朝着正确的方向完成任务。

第四，教师过程性评价。在此过程中，教师要注意观察记录学生的各方面，以此作为教师过程性评价的支撑性材料。在基于"VR+任务驱动教学法"的实训教学过程中，教师要注意使用过程性评价。过程性评价是教师在教学过程中为了解学生的学习情况，及时发现教学存在的问题而进行的评价。教师可以通过建立课堂观察表等方式进行过程性评价，评价内容包括学生的表现、态度、情感以及取得的成绩等。

（2）学生的任务探究与评价环节。课中实施阶段，学生的主要活动是任务的探究，具体活动如图4-4所示。

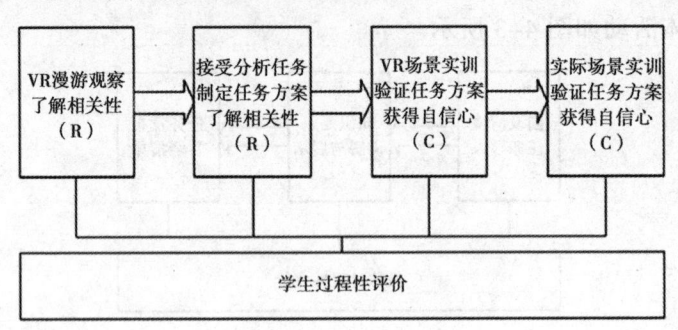

```
┌─────────┐   ┌─────────┐   ┌─────────┐   ┌─────────┐
│VR漫游观察│──▶│接受分析任务│──▶│VR场景实训│──▶│实际场景实训│
│了解相关性│   │制定任务方案│   │验证任务方案│   │验证任务方案│
│   （R）  │   │了解相关性│   │ 获得自信心│   │ 获得自信心│
│         │   │   （R）  │   │   （C）  │   │   （C）  │
└────┬────┘   └────┬────┘   └────┬────┘   └────┬────┘
     │             │             │             │
     └─────────────┴──────┬──────┴─────────────┘
                    ┌─────▼──────┐
                    │ 学生过程性评价│
                    └────────────┘
```

图4-4　课中学生活动

第一，VR漫游观察，了解相关性（R）。在教师进行知识点讲解与展示时，学生可不断地进入教师所设置的VR场景，通过沉浸式观察，建立起对抽象立体知识的理解，有利于学生对任务方案的分析。整个过程中，学生通过感受、观看、活动、思考，既可以将教师的讲解与知识点相联结，也有利于新旧知识经验的联合，即促进了ARCS动机模型中的R因素。

第二，在教师进行知识点讲解与展示，分发任务后，学生需要在教师的指导下，以小组合作或个人的形式，分析任务与本节课教师讲解的知识点之间的关联性，联合以往的知识经验，制订任务的解决方案，这个过程促进了ARCS动机模型中的R因素。

第三，学生通过任务分析制定方案后，首先需要通过VR设备，进入教师设置好的VR场景，进行任务方案的验证。在此过程中，由于VR的沉浸性和交互性，学生可将注意力集中在实训操作上，感受真实情境，验证任务方案。同时，由于VR实训场景的可以快速初始化的特点，在教师的指导下，学生对任务方案的修改验证的次数得到了增加，增强了学习体验，使学生获得了自信心，即促进了ARCS动机模型中的C因素，加速了学生对知识点的内化。

第四，实际场景实训，验证任务方案，获得自信心（C）。基于"VR+任务驱动教学法"的实践教学过程中，特别是大学英语实践教学，学生对任务方案的验证，还要在课中阶段，即学生在教师的带领下进入实际场景中进行实践，验证任务方案。由于在 VR 虚拟实训场景中累积了操作经验，学生进行实际场景实训时错误操作率可大幅减少，从而使自己获得了自信心，即促进了 ARCS 动机模型中的 C 因素，同时避免了教学时间和成本的浪费。

第五，学生过程性评价。在上述过程中，学生还需要在教师的指导下，通过任务评价表的填写等方式，进行小组互评和学生自评，以此来不断反思自己在任务完成过程中的不足之处，进行及时的改正。

4. 课后反思环节的分析与设计

（1）教学反思与评价反馈。课后阶段对于教师而言主要是进行教学反思，通过填写反思记录表等方式，记录在任务实践过程中学生出现的问题、本次教学实践中的突发情况等内容，及时进行调整。同时，还要对学生的学习成果通过任务评价表等方式进行及时的评价与反馈，使学生获得满足感，即在此阶段教师应该重视 ARCS 动机理论中的 S 要素。

（2）学生的课后巩固。在课后阶段，对于学生而言，主要是对知识进行查缺补漏以及对操作技能进行巩固练习。在这一阶段中，学生可利用 VR 快速便捷地实现任务方案的复现，配合教师及时评价反馈，使自己获得满足感，即促进了 ARCS 动机模型中的 S 因素。

（二）VR+ 大学英语体验式教学法

为了体现体验式教学的特点和优势，结合大学生当前的心理与认知发展特点，在原有体验式教学法基础上进行改进，下面尝试构建 VR 技术支持下的大学英语体验式教学法（图 4-5），该模式以 Kolb 的体验教学循环模型为基础，在教学环节中使用现代信息技术工具来帮助学生更好地进行体验，在教学中促进学生形成反思意识、培养反思技能、形成反思毅力。

VR 环境下大学英语体验式教学法的开展是以桌面虚拟现实教学平台为依托构建虚拟现实教学环境，该模式包括七个教学阶段：

"分析目标，创设具体情境" "融入情境，积极体验"，这两个环节与具体体验环节相对应，主要培养学生的反思意识；

"观察反思，体验内化" "协作分享，内化知识"，这两个环节与反思观察环节相对应；

"归纳概括，深化反思""实践应用，修正体验"，这两个环节与行动应用相对应，上述环节主要培养学生的反思技能；

"评价交流，强化体验"，在这一环节结束后，体验教学并没有结束，而是以循环的形式回到第一个环节，以此循环往复，整个体验式教学的过程培养学生的反思毅力。

在整个教学的过程中，需要学生充分调动自身认知、情感以及行为的三重参与，在教学环节之中以提高学生的学习体验感以及学习成绩为主要目的，贯穿对学生反思能力所包含三个维度的培养。

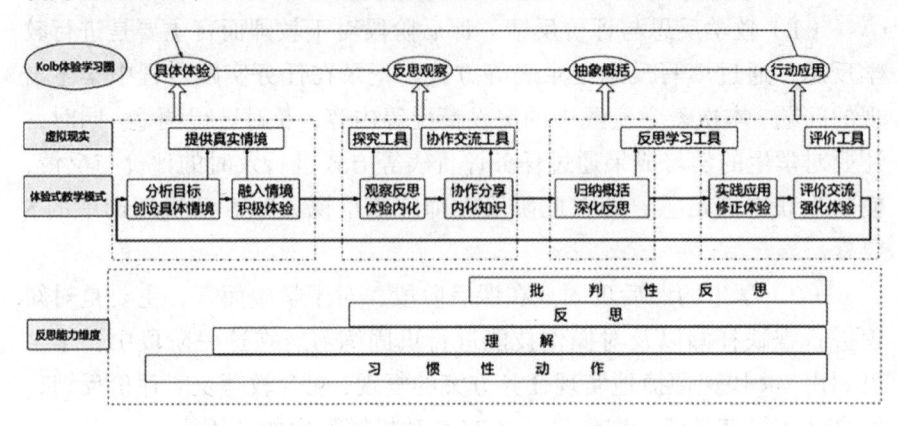

图 4-5　VR+大学英语体验式教学法

1. 分析目标，创设具体情境

在这个步骤中，教师可以使用各种各样的导入方式，为学生创造出具有特定体验的真实情境。在 VR 环境下的大学英语体验式教学中，创设特定情境的目的就是要让学生更快更真实地进入学习情境中，积极地参加各种英语学习活动，集中精力去解答各种问题，教师要利用多媒体的方法来创造特定的情境，以此来调动学生的学习积极性，让他们加入一个特定的学习情境中。

创造特定情境的常用方法有两种。（1）录像创设法，也叫视频创造法。教师利用现代信息技术中的视频手段，对学生的感觉进行充分的激发，引起他们的兴趣。大学生可以利用自身具有的形象思维能力来创设特定的情境，在很短的时间里，就可以让他们对大量的知识有更多的了解，将他们的非智力因素调动起来。（2）问题创设法。教师

第四章

网络与生态维度下的英语教学

对学生进行提问，对其进行有针对性的指导，这种方式有利于增强师生间的情感交流，以问题的解决为主要线索。学生能够将一个或者几个较大的问题拆解成易于求解的小问题，再一个一个地加以解答，最后达到学习目的。

2. 融入情境，积极体验

在这一环节的大学英语教学中，教师要充分利用现代信息技术中的虚拟现实技术，为学生创设与真实生活相关的学习情境，提供可以进行亲身体验的虚拟现实教学平台，让学生在此情境下亲自体验，完成教师布置的操作任务，在此基础上进行扩展式的体验。这一步是让学生感知并建立起与真实情境之间联系的一个过程，在这个过程中，教师要做好情境的建构和教学的组织，让师生一起选择合适的内容进行体验观察，因为课堂教学的特殊性，除了可以系统地学习到理论知识，还可以进行很多的实践练习。在这个过程中，教师要与学生一起参与到实践活动的开展中，让学生的感官体验得到最大限度的发挥。

在上述两个教学过程中，虚拟现实所起的作用主要集中于为体验教学提供真实情境，学生可以使用虚拟现实技术连接现实世界以及教学平台上的虚拟动画、演示，使学生更加清楚直观地建立与现实世界的联系。

3. 观察反思，体验内化

在体验后，学生可以根据刚刚体验的过程和结果，对教师提出的问题或自己在体验的过程中出现的问题，反复地、不断地问自己为什么会出现这样的现象？这是怎么回事？在此过程中，教师要从整体上引导学生对体验的过程与效果进行全面、深入的思考，使学生的体验不断内化。此外，教师还要做好三个方面的工作：给学生留出足够思考的时间；在观察与反思过程中，为学生创造了一个较好的学习环境；让学生的积极性得到最大限度的调动，尊重他们对自己的观察和思考的成果。

在这一教学过程中，虚拟现实主要是为体验教学过程提供探究的工具，学生在学习完教学内容之后，需要对所学的内容以及教师提出的探究问题进行探究，这时虚拟现实技术就承担着探究工具的角色，为学生开展探究活动提供支撑。

4. 协作分享，内化知识

协作分享环节旨在消除学生体验后的主观性对自身学习效果的不利影响，以最大限度地实现体验式教学模式的应用。在这个阶段，教师依然扮演着一个组织者的角色，将学生组织起来，共同分享；学生要对 VR 环境中体验学习的成果进行整理，以小组为单位进行汇报，与其他小组进行交流，在交流中不断深化反思。在该阶段，教师要做好三个工作：一是积极地鼓励，学生在刚刚开始这一教学环节的时候，肯定会有许多的畏难，或者是因为害羞等原因，不敢与学生进行沟通，这个时候，教师就需要对学生进行更多的鼓励，让学生敢于分享；二是肯定，在这个环节中，学生所分享的都是他们自己的观察和思考的成果，教师要保护他们的创造力和举一反三的能力，对他们所观察到的成果表示肯定；三是及时更正，教师要确保学生所分享的东西都是正确的，如果学生所说的东西有什么不对的地方，教师要及时更正和强调，确保学生在理解上不会有什么问题。

在这一教学过程中，虚拟现实技术作为帮助学生在体验式教学中进行协作交流分享的工具而存在，学生合作探究、解决问题以及互相交流都不能是空泛地进行，需要有一定的支撑，这使虚拟现实技术的应用能够为学生协作交流提供基础性材料。

5. 归纳概括，深化反思

归纳概括环节的目标是在教师帮助学生完成了特定问题的解答后，要引导学生从目前的学习情境中，对在之前的教学环节中所获得的理论知识、操作技能以及情感收获展开总结与反思，从而加强自己的认识。在一定的学习情境中，学生对当前学习内容中所包含的知识点有了初步的认识，他们需要在后续的教学中，对自己的体验和感悟进行反思，而教师要为学生创造一种氛围，在教师的鼓励下，学生可以展开自主探究活动或合作交流活动，从而形成一个积极的课堂环境。教师要鼓励学生在反思后，将自己的学习成果和课堂经验与他人共享，指导学生在课堂上对所学内容进行思考和总结。

在此过程中，教师应把握好以下两点：第一，教师要对学生的自我反思过程进行关注，学生在体验之后，对学习内容的理解是碎片化的，还没有成体系，不利于解决实际问题，这就要求教师在引导学生脱离学习情境以及问题解决之后，及时地对自己的学习过程进行回顾，对问题解决时的思路和途径进行积极的思考，将碎片化的知识串联起来，最终形成一个知识体系；第二，在此过程中，教师要指导学生对知识进行归纳和总结，这样不仅可以培养学生的抽象概括能力，还可以加强学生对教学内容的学习和理解。

6. 实践应用，修正体验

在学生通过前面的几个阶段，获得了知识之后，教师要鼓励他们持续地利用虚拟现实技术，把所学到的知识用到其他的情境中来对体验到的知识的正确性进行测试。在教师的指导下，学生会把所学到的知识运用到实际生活中的其他情境中去进行验证，如果成功，就会进入下一轮的学习，如果不成功，就会再次找到问题，然后对所学的知识进行测试。在此阶段，教师可以采取小组协作的方式，并结合实际进行经验性延伸学习。除此之外，在这一环节中还需要关注到两个方面：一是尽可能地贴近现实生活，让学生在现实世界中得到印证，英语学科与社会生活的各个方面都有密切的联系，所以教学的内容来自生活，最终也应该回到生活中去；二是能帮助学生提升模拟环境，更好地推动他们的人格发展。积极的实验是把自己所经历的知识重新运用到实践中去的一个过程，这就要求教师要持续地为学生提供更多的学习机会，激发他们的学习热情，让他们更加专注于体验式教学。

在上述两个体验式教学过程中，虚拟现实技术主要作为帮助学生进行反思的工具，学生开展归纳概括和实践应用并修正自己体验的过程，是学生在体验式教学中培养反思能力的基本步骤，此时虚拟现实技术为学生对体验环节所获得知识的修正提供技术支持。

7. 评价交流，强化体验

在一个特定的新情境中，通过对所得到的知识进行再一次应用和体验之后，学生必须得到及时的反馈和评价信息，这样才能将所得到的知识迁移到新的应用情境中，将其迁移到日常生活中。因此，教师应有针对性地组织学生进行交流和互评，对其进行指导。在脱离了先前的学习情境后，教师要注意控制好课堂纪律，及时稳定学生的情绪，让其从上一个学习情境向下一个具体的学习情境转变，让学生在特定的学习情境中，根据自己的想法和感受，反思并作出相关的评价。与学习小组中的其他同学进行交流和评价，这样既可以取长补短，提高学生间的合作能力，又可以将抽象的情感体验具象化为语言的描述，便于后续指导在实践中的运用。

在这一教学环节中，教师要注意两点：一是要采取多元评价，在此过程中，教师不应该仅仅关注学生的知识的获得，更要与学生的某个或几个方面的能力的提升进行综合考虑；二是积极地进行师生之间的评价和生生之间的相互评价，以提高学生的能力为基础。此外，在教学过程中，教师应确保对学生学习质量评价反馈的公正、及时、准确。

在上述大学英语体验式教学过程中，虚拟现实技术作为评价工具，为学生在开展大学英语体验式教学提供了师生评价和学生互评的依据，在大学英语评价过程中，VR教学平台能够帮助教师更好地记录学生学习的数据，还可以为学生了解自身是否掌握所学知识提供依据。因为体验学习是一个螺旋式上升的过程，是一个连续的循环，所以在实践应用之后，大学英语体验式教学并没有就此结束，它会进入到新一轮的学习循环中。与此同时，体验式教学不需要从第一个环节的具体体验入手，因为其注重体验、灵活性强的特性，大学英语体验式教学可以从四个环节的任意一个环节进入学习循环。

第二节 生态维度下的英语教学

一、生态教学

（一）大学英语生态课堂的本质

随着生态学逐渐发展成为一个相对完整的理论系统，它为不同领域问题的解决提供了全新的视角。生态课堂把课堂看作一个微型的生态系统，用全面、和谐、综合发展等生态理念来处理教师、学生和课堂环境等课堂要素，建立一个整体、平衡、联系的课堂，以实现整个课堂的可持续发展。英语生态课堂并不是对传统英语课堂的颠覆，而

第四章
网络与生态维度下的英语教学

是利用生态原则和生态标准从一个新视角来重新思考英语课堂，发扬其长处，剔除其不足，以实现对英语课堂的不断完善。下面将对生态教学的本位性及英语生态化教学的品性等问题进行解读，对大学英语课堂的生态属性予以考察。

1. 生态教学的本位性解读

大学英语生态课程旨在帮助学生增强自信心，在日常学习中唤醒他们对学习的热情。这一课程旨在为学生提供一个交流与沟通的平台，以提高他们的英语水平。通过建立一个生态环境，可以帮助学生更好地理解和解决问题，培养他们的综合能力。这样他们就可以更好地适应社会对人才的需求，在实践中不断成长和成熟，建立一种良好的能量转换和循环，满足学生个体发展和团队发展的需求。基于这一点，大学英语生态课程已成为一种可持续发展的教学模式。

教育应该重视培养人的全面发展，特别是在大学的英语专业课上，包括提高学生的自主思维、创新思维、实践技巧、团队协作精神等。这些都有助于学生的发展，提升其独立性、创造力、实践技巧，培养其对国家、社会、民族的贡献责任意识。在培养学生的独立思考能力和创造力的过程中，必须考虑到学生的个人需求，保证学生都得到充分支持的前提下，才能让每位学生得到充分的发展，使学生有机会在不断进步的道路上迈出坚实的步伐。高校的教育旨在帮助学生在不断的探索中获得更好的知识，在互相帮助的基础上促进彼此的共同进步。因此，生态教学致力于帮助学生发现自身的潜力，促进整个系统的健康发展。

2. 大学英语课堂的生态系统属性

生物学与非生物学自然的完美融合，构成了一种复杂的生态系统。这个生态系统包括三大基本要素：第一，包括生物群落与自然界，这些生物学环境之间存在着复杂的交互关系；第二，包括物质的转化、能量流通和信息的传递三大功能；第三，包括其独立的调控、组织机制。有学者指出，大学英语课程与其他类型的课程不同，它们都拥有许多共同的特点。大学英语教育应该被看作一种完整的系统，它包含许多不同的要素，都在不同的水平上发挥着各自的作用。英语教学体系是一个完整的大体系，它不仅涵盖了所有的内容，而且还包括了一个个微小的、复杂的、多样的生态环境。

英语课堂是由教师、学生、教学环境等要素组成的整体，且整体内部各个要素都有着独特的功能，通过交流和合作，可以建立起一个完善的、高效的、协调的、多元化的课程。每个要素的独立工作和协同工作使英语课程变得更加完善和高效。

在大学英语课堂上，可以看到一个复杂的生态系统，它由许多不同的元素构成。例如，教师、同桌以及周围的非生物因素都在不断地影响着英语课程。相比之下，课程生态更像一个复杂的社交网络，它的能量传递主要依赖于人类的思考能力以及教育行为的影响力。从本质上讲，教育行为就像一种能够激发学习的机制，让学习变得更加高效、互助。只要能够充分利用教育资源，就能够让学习变得更加高效、更加充满乐趣。当教师和学生通过接触课程和其他活动来获取知识和技能，就像食品和水一样，被视为需求方。如果这些人将这些知识和技巧转化成行动，那么在课堂环境下，教师与学生可以被认为扮演着三种角色：创造者、受益者与分解者。

（二）大学英语生态课堂的基本特征

研究者以生态系统的特点为基础来剖析生态课堂的特点，能够站在单一视角以及关联视角进行剖析，如生态课堂具备了开放规律、互利共赢、多重性以及可持续性等优势；站在关联视角分析，生态课堂属于整体关联和动态平衡的和谐共生、多样性的共存、协调共生的一致、开放性和交错性的一致、有限性和无限性的一致、区别性和规范性的一致。

生态课堂属于一种新型的课堂形式，对于自身的基础特点的阐述意见也有所区别，可是这些生态课堂的特点在总结时出现很多相似之处，在课堂中表现为开放性、多重性、全局性、共存性以及可持续性。生态系统的最关键的特点之一就是开放性，其中生态课堂也具备了这个特点。课堂的开放性指的是课堂在持续地自我完善时需要经常和外界环境开展物质、资讯以及技能的互换，以便于满足自身的革新和优化，然而在课堂内部也存在着不同因素之间的互相影响、互相调和，争取达到课堂整体最佳状态。

课堂并不是一个独立存在的个体，是需要依赖于外界环境并且保

第四章
网络与生态维度下的英语教学

持密切关联的。生态课堂的开放性可以详细地划分为三类，分别是处境、生态对象以及课程的开放性。处境的开放性不仅指课堂生态对象所生存的现实处境的开阔和通达，还指课堂处境和课堂外不同体系间维持着亲密的关联，让课堂不只是限制在教室内。生态对象的开放性，重点是指被当成课堂生态对象的教师和学生在上课时所坚持的灵魂世界应该是能够和别人或者外部所共享的，可以完成互相之间的了解和视觉共享。课程的开放性，大致分为课程内容的开放性以及开展课程的开放性等。课程内容的开放性指的是课程还涵盖了教材资料、思想资料以及生活资料等很多层面，展示课程形式的多重性。课程开展的开放性，其本质上能够解释为授课的开放性，重点表现在教学宗旨、教学历程以及教学成果的开放性等。

1. 多样性

多样性不只是保持课堂生态系统均衡的一个重要元素，还是生态课堂中的一个关键特点。

（1）学生的多样性。在日常生活中，我们无法找出拥有一模一样个性特征的学生，因为每个独立的个体在生理或者生活经历方面都有所区别，因此也就造就了属于自己独特的个性特征，会被区分为含蓄内敛或开朗外向的个性，情绪控制能力也会有所区别等。在上课时学生的性格是各异的，在进行信息的互动以及分享时，不同个性的人所做出的行为指向也是大不相同的，有些学生热情奔放，有些学生宁静含蓄等。

（2）文化的多样性。生态课堂中所涉及的学生、教师、课本、非课本等不同层次的文化，互相结合之后形成了新的多样性的文化空间。学生文化重点表现为学生自身具备了属于自己的特殊的"个体知识"以及"个体文化"。在上课过程中，教师文化所处的位置也是十分关键的，教师能够以其自身具备的专业性对课本文化进行规范化讲解。另外，还产生了课桌以及墙壁文化等。在上课过程中，不同的文化之间不仅可以互相融会贯通，也有可能会相互对立。

（3）课堂教学的多样性。生态课堂在教学宗旨方面不仅注重三维宗旨，还注重预设宗旨以及不一定会产生的非预设性宗旨。在教学形式方面，强化课程内容和现代社会科技以及学生所处的社会环境的关系，重视学生学习的爱好以及经历，慎重选择学生毕生学习所需要的基本文化以及技术，培育学生收集以及处置信息的技能、获得知识的技能、剖析及处理问题的技能、沟通和协作的技能。在教学方式方面，重视不同的方式在上课时的运用，从不同的视角指引学生进行思考；在教学展示方面，注重学生主动学习、协作学习、探索学习；在教学结构方面，充分进行教师和学生以及学生和学生之间的沟通、协作互动；在点评方面，进行多方面、多角度总结性的点评。

2. 可持续发展性

可持续发展是和谐生态环境的重要特征，也是当今人才发展的核心素质之一。生态课堂一方面担负着培养学生可持续发展意识的重任，另一方面还是培养学生可持续发展能力的重要途径。在生态课堂中，不仅要让学生学会知识，更重要的是要让学生把知识内化为方法和技能，使之具备终身学习和可持续发展的能力和意识，培养学生立足社会所必备的能力和素养。

（三）生态维度下大学英语教学存在的问题

魏华在《大学英语生态课堂与生态教学模式的路径探索》一书中，以生态学理论为基础对当代大学英语教学中存在的问题进行了一些探讨。该书认为，大学英语课堂教学本身就具有生态系统的基本属性[1]，这一结构可以表述为"人与课堂生态环境"。在教学中的"人"主要指的是教学活动中的教师和学生，"课堂生态环境"则包括了课前生态环境、课中生态环境和课后生态环境几个部分，具体而言就是物理层次的教学环境、师生与生生之间的关系以及各种教学的规章制度等，课堂生态的主体与课堂生态环境之间存在着相互影响、相互作用的关系，双方的协调发展影响着大学英语课堂教学活动的开展。

在信息化时代背景下，由于教学手段和教学模式已经发生了较大的变化，因此长时间处于一种平衡状态的大学英语教学课堂发生了变动，出现了课堂生态结构和功能上的失调。作者针对大学英语生态课堂教学失衡的情况进行了有针对性的剖析，指出了结构上的失衡主要

---

[1] 魏华.大学英语生态课堂与生态教学模式的路径探索[M].南京：东南大学出版社，2018.

第四章
网络与生态维度下的英语教学

表现在大学英语教学系统构成方面和系统内部结构出现了失调。其中，构成比例失调的原因主要在于信息化教学技术的应用；交互关系的失调则是因为师生关系、教学模式、教学内容、教学管理等方面与信息技术之间尚且没有达到高度的统一，从而出现了失谐的情况；营养结构的失衡则是因为大学英语教师专业发展与学生成长需求之间的失调。

从大学英语教学中的结构性失调情况能够看出，想要促进大学英语教学效果的提升，就需要处理好课堂生态结构当中失衡的情况，以使其能够得到均衡发展的状态。

从生态教育学的理论来分析，大学英语教学与生态教育之间存在着紧密的联系，在大学英语教学中，教师除了要重视学生在英语专业知识方面的掌握程度之外，还需要重视学生英语综合应用能力的提升，要让学生能够充分掌握英语的应用技巧，而不是仅仅将其作为应对考试的一种手段。然而，从当前大学英语教学的现状来看，在传统的英语教学中存在的一些问题仍然存在。

（1）在大学英语教学中，教师教学的重点依然在词汇、语法等方面，更加注重学生对于英语词汇、语法等掌握程度，对于英语的实用交际价值、文化价值和商业价值等层面的考量相对较少。另外，学生在英语学习中，也是将掌握英语知识技能作为英语专业学习的主要内容，更加关注能否在英语考试中获得更好的成绩，能否顺利过级等等。显而易见，这也是当前大学英语教学出现生态失衡的一个主要因素。

（2）大学英语教材存在着一定的滞后性。英语教材作为大学英语教学活动的重要依据，其质量对于教学效果也具有直接的影响，然而在实际的英语教学中，教师只是将英语教材作为一种教学的工具，将其视为输出专业英语知识的资源库，缺少对英语教材的研究和分析，没有太多地考量当前所使用的英语教材与学生的学习需求之间是否相符。从学生的方面来看，考试的重点都来自教材，因而其也将教材当成了考试的重点；另外，无论学生是否需要，无论其是否对英语教材中的知识具有浓厚的兴趣，学生都处于一种被动接受教材知识的状态。

（3）大学英语课堂教学生态弱化。面对当前大学英语教学的现状，教师要能够结合学生的个性化需求来分析和化解教学当中的问题。在如今的大学英语教学中，教师依然占据着英语课堂教学的主导性地位，学生角色边缘化的情况并没有彻底改观。一方面，教师在教学中所采用的依然是传统的"满堂灌"式的教学模式；另一方面，学生在教学中依然处于被动接受知识的状态，缺少主动探索的积极性。同时，在大学英语教学中，所用的教材内容偏向于基础化，导致课堂教学更加倾向于对词汇、语法的教学讲授，对于学生听、说、读、写、译的实际应用能力的重视程度不够，这也导致学生无法正将英语作为未来一种语言应用工具来进行学习。

在大学英语生态教学模式构建过程中，教师扮演着无可替代的角色，其作为大学英语教学活动的组织者和引导者，对于大学英语教学效果的提升具有直接的影响。因此，在大学英语生态教学模式构建中要改变英语教师传统的教学观念，以生态教育学理论为指导来开展英语教学活动。大学英语教师要根据学生的特点积极对教学模式和教学手段进行改革和创新，在教学当中坚持"以人为本"的理念，以学生为教学的重心，教师的角色也要从传统的单一的教师角色向着集合多重角色于一身的教学引导者、学习陪伴者的方向转化。大学英语教师在教学中还应该利用好信息化教学技术和手段，为英语教学的开展创造良好的环境。在传统的大学英语教学中，因为应试教育的关系，学生在英语学习的过程中以提升英语成绩为主要的方向，反而在英语实际应用能力提升方面的注重程度不足，这种情况的存在也使得很多学生在英语应用方面面临着较大的挑战。在信息化时代，互联网技术的应用能够将世界联系在一起，教师可以组织学生利用网络与国外的学生针对相应的主题应用英语进行交流，在这一过程中不断提升学生的英语应用能力。同时，教师还可以鼓励学生观看英文版的电影、电视，阅读英文原版的书籍、新闻等，以进一步增强学生的英语知识和英语应用能力。

二、大学英语生态课堂构建策略

（一）以"适应性"为基础，避免"花盆效应"

1. 突破空间"局限性"束缚，注重教学环境构建的"适应性"要求

大学英语教学的目标之一就是拓宽学生对英语国家社会历史文化的认识，对时代文化的发展背景增强了解，从本源上寻求语言自身所

带有的"艺术性",挖掘培养学生对英语的学习能力。大学英语课堂教学的"花盆效应"主要就是因为空间的限制,这种局限性对英语的内涵渗透起到了束缚的作用。生态理念有所不同,它是从艺术与文化的角度出发,尽可能地挖掘出其自身所拥有的文化与艺术价值。落实生态理念应当实施交际英语这一重要手段,应将大学英语教学与实际应用相结合,提高英语课堂教学的应用价值,与"国际化"的发展接轨,达到一种紧密的状态,更好地展现大学英语生态课堂教学所具有的"适应性"。

2. 从自然语言环境出发,构建"生态和谐化"教学常态

要想达到"实用性"这一目标,促使学生的语言体系规范化,就要对学生进行外在的刺激与引导,但是这需要在遵循相对应的自然发展规律的前提下更好地构建一个语言体系。对于培养学生的语言能力"长久性"来说,"花盆效应"没有任何积极作用,也体现不出其教学理念的根本宗旨。由此看来,"生态和谐化"这一特征应该在语言环境及氛围的构建过程中有所显现,逐步将其进化为一种稳定的教学常态。培养学生语言能力的重要途径是积极引导学生形成一个自然语言体系,实现外在因素的有效转变,更好地增强学生的语言能力。

(二)贯彻教育教学生态理念,探究大学英语生态课堂教学的功能性

1. 有效评估大学生态英语教学对其环境因素的承受程度

谢尔福德耐受性定律就是指耐度定律或忍受法,是1913年美国著名生态学家谢尔福德提出的,他表明任何生物对于环境的适应都有一个阈值,即处于最小承受值和最大承受值之间这个范围的生物才能够生存,也可以理解为某一事物承受能力的最大限度。大学英语课堂教学活动不是无限度、无节制进行的,也不是只培养能力这一片面的模式,生态理念是将教学环境和教学模式结合在一起的应用,联系高校学生对于所能承受最大限度的英语环境作出评估,为了使之更加适应生态课堂的理念,应在课堂教学中加入交际英语,培养学生的英语交际能力。这样可以积极地帮助学生学习语言并且形成正确的语言体系。构建大学英语课堂的重要支撑是生态理念,大学英语课堂生态形成模

式及环境是至关重要的,它能够让课堂标准化,由此构建科学、完整的大学英语课堂教学。

2. 肯定大学英语生态课堂设置的"科学性"

大学英语生态课堂教学有个适度原则,即处于最大阈值和最小阈值中间的最好效果区域,利用这种原则,融合多样化的教学手段,可以增强学生对于语言"广泛性"艺术的认识和对于课堂"现实性"教学的理解。适度原则的运用会对课堂产生积极的效果,能深入地探究教学对象,合理地转换课堂气氛,推动生态课堂教学,从而实现大学英语生态课堂教学的科学性,这是设置生态课堂教学的主要表现之一。在逐步实现"科学性"课堂这一目标的过程中,还需要与时俱进地对大学英语生态课堂教学模式进行创新和发展,教学理念能够对生态教学产生积极的影响作用,生态教学的发展也能够对教学理念的发展提供保障,这样就会促进大学英语课堂融合生态理念不断强有力地进行发展。

3. "顺应性"理论在生态教学中的现实意义

为了全面培养大学生英语交际能力,以满足"艺术性"的语言文化特色,高校开展了大学英语生态课堂教学,深刻挖掘语言的现实功能,凸显了在大学英语课堂教学的生态理念中语言文化的"主体性",以"春雨润无声"的方式培养了大学生的语言交际能力。"顺应性"教学理论本质上仍在阐述高校在课堂教学中对于英语交际能力的培养,这样能够让大学生更为全面地认识到"艺术性"的语言文化的现实功能,能够使之在大学英语课堂教学中展现得更为具体,也出现在大学英语课堂教学的前提构成因素中。

(三)以课堂教学协调发展为目标,体现可持续发展的生态教学理念

1. 落实多元生态化课堂教学观念

从课堂教学的思维角度出发,扩展"科学性"的生态理念是创建生态理念的重要关键因素。全面分析学生的语言学习需求是完成生态课堂目标的重要基础,在当今国际化英语交际的趋势下,高校应当着

第四章
网络与生态维度下的英语教学

重培养学生的现实交际能力,加强语言使用的"实用性",促使生态理念的思维紧密、充分,推动课堂教学的和谐发展和品质提升,以满足当今社会对高校学生发展的需求。这样对于大学的英语教学生态理念也拥有积极的影响作用,使生态教学理念得以可持续的发展,为推动大学英语教学发展奠定坚实的基础。

2. 打造生态教学"系统化"

发展构思的重点是大学英语课堂教学方法和内容实现多元化的目标,持续提升大学生的心理逻辑能力和学习的自觉主动性,逐渐深化大学生对语言艺术以及文化背景的认知。大学英语生态课堂教学观念的创建,要求对教育体系更加彻底地完善:站在宏观视角的主要做法是将教学组织内容和教学形式持续延伸;站在微观视角应该是充分强化语言艺术和语言文化的融合历程,让生态教学变为促进大学英语课堂协调发展的核心思维观念。此观念所表现的系统性特征尤为明显,可以和传统的应试教育观念比较出明显差别,它提出了能符合新时代教育环境标准的有效方法,使其能够保证语言艺术和语言文化突破国界的限制,提升大学英语课堂应该拥有的教育发展价值。

3. 以体系构建为大学英语生态教学核心

传统高校的英语课堂教学重点关注教学内容,可是关于本质性的探究还存在缺陷,课堂气氛以及课堂场景的优化难以达到良好的效果。生态教学观念是以提高课堂上所教授的主体的选择性和研究性为起点,增加课堂交流内容和利用价值的创新性探究,加深高校学生对于英语语言知识的认识深度,同时在更大范围内宣扬语言文化所具备的艺术特点。其为新阶段内大学英语课堂教学系统创建的基础宗旨,展示出了生态教学观念对于英语课堂教学更为深远的意义,帮助课程系统创建了高效的逻辑根基,同时也能够在最大限度上表现其所具备的战略内涵。

# 第五章

ESP 与课程思政维度下的英语教学

　　课程思政是一种综合的教育理念,它以构建全员、全课程、全过程的育人模式为核心,将各类课程与思想政治理论课程相结合,以实现"立德树人"的根本教育任务。这种教育模式旨在形成协同作用,使各类课程都能发挥育人功能,共同助力学生的全面发展。在实际教学中,教师需要将 ESP 教学内容与思政元素有机融合,确保学生在学习专业知识的同时,能够接收到正确的思想引导。同时,教师还需要不断提升自身的专业素养和思政意识,以更好地引导学生成长成才。通过 ESP、课程思政与英语教学的结合,能够培养出既具备专业技能又具备良好思想道德素质的国际化人才。

第五章

ESP 与课程思政维度下的英语教学

第一节　ESP 维度下的英语教学

在过去的 30 多年里,中国的高校英语教学经历了显著的变革和发展。随着全球化的加速和对外交流的增多,英语作为国际通用语言的重要性日益凸显。为了培养具备国际竞争力的人才,高校英语教学不断地进行改革和创新。从 2016 年开始,中国高校开始向应用技术型本科转型,旨在培养更多具备实践能力和创新精神的高素质人才。这一转型涉及人才培养定位、培养方案优化、课程体系调整、校企合作加强等多个方面的改革。

一、ESP 的界定与教学原则

(一) ESP 的界定

ESP(English for Specific Purposes),即专门用途英语,其起源可以追溯到第二次世界大战后。那个时期,全球经济和科技经历了飞速的发展,许多国家正在努力从战争的阴影中走出来,重建他们的经济、科技和国际交流。这种大环境促使英语成为科技和商业领域的国际通用语言。人们逐渐意识到,为了适应这种快速发展的全球经济和科技环境,学习英语成为必要的技能。

除了实际的语言需求之外,ESP 的兴起还受到了语言学和心理学研究的推动。社会语言学开始关注语言在实际交际中的使用,研究语言与社会、文化、语境之间的关系。教育心理学则强调学习态度和动机对学习效果的影响,这促使英语教学从传统的"教师中心"模式转向更为关注学生需求和个体差异的"学生中心"或"学习中心"模式。这些理论的发展为 ESP 的形成提供了坚实的理论基础。ESP 不再仅仅是一种语言技能的学习,而是与特定领域、行业或职业紧密结合的语言应用。它强调将英语教学与实际工作和生活情境相结合,为学生提供真实、实用的语言技能。

随着全球化进程的加速和跨文化交流的增多,ESP 的重要性也日益凸显。它不仅帮助学生获得在国际舞台上竞争的语言技能,还培养了他们的跨文化意识和沟通能力。因此,ESP 已经成为许多高校和培训机构的重要教学内容,以满足学生和社会的实际需求。

ESP 教学具有针对性、实用性和应用性等特点。与通用英语(GE)相比,ESP 更加强调英语在特定行业或领域中的应用,因此更具专业性和针对性。在这种情境下,英语不再是一门孤立的学科,而是成为获取专业知识、技能和进行国际交流的关键工具。这种转变使 ESP 教学在满足学生实际需求的同时更好地适应了社会和行业的发展。

ESP 学习者的主要特点是他们多为成年人和在职的专业人才。这些人通常已经具备了一定的英语基础,他们学习英语是为了更好地从事特定行业或领域的工作。例如,金融从业人员需要掌握金融英语的术语和表达方式,以便在国际金融市场上进行有效的沟通和交流。旅游从业人员也需要熟悉旅游英语的常用表达和用语,以便为外国游客提供更好的服务。除了这些职场人士,ESP 学习者还包括许多高校生。他们在学校期间学习 ESP 课程,主要是为未来的职业生涯做好准备。通过学习专门用途英语,他们可以更好地适应未来的工作环境,提高自身的专业素养和能力。

ESP 教学的实用性主要体现在以下几个方面:

(1)课程设计的针对性:ESP 课程是根据学习者的特定需求和兴趣设计的,意味着课程内容更加贴近实际工作场景,有助于学习者直接将所学应用到实践中。

(2)专业英语技能的培养:ESP 教学注重培养学习者的专业英语技能,如阅读、写作、翻译等,使学习者在实际工作中能够更加自如地运用英语,提高工作效率。

(3)跨文化交际能力的培养:ESP 教学还强调跨文化交际能力的培养。在全球化的背景下,了解不同文化背景下的工作需求和习惯对于职场人士来说至关重要。通过 ESP 教学,学习者可以更好地理解和适应这些需求,从而在国际交流中更加自信和成功。

(4)与行业接轨:ESP 教学的内容往往与特定行业或领域紧密结

第五章
ESP 与课程思政维度下的英语教学

合，意味着教学内容更加贴近实际工作需求，使学习者能够更快地适应职场环境。

（5）持续的学习支持：为了确保学习者的学习效果，ESP 教学还提供了持续的学习支持，如辅导、实践机会和行业内的专家讲座等，使学习者在学习过程中得到充分的指导和帮助。

(二) ESP 教学原则

1. 教学以需求分析为基础

在实施高校英语 ESP 教学时，学习分析是一个不可或缺的基础。不仅包括对社会的需求进行分析，还需要对学生的个人需求进行深入了解。社会需求分析主要是针对行业或特定领域的发展趋势、人才需求等方面进行调研，以确保教学目标与行业需求相匹配。学生个人需求分析则关注学生的学习动机、兴趣和目标，以便为他们提供更具针对性和实用性的教学内容。通过综合考虑社会需求和学生个人需求，教学目标得以明确和细化，即旨在培养具有学术素养和职业素养的复合型人才。这样学生不仅能够在学术上取得优异成绩，还能在未来的职业生涯中具备实际应用能力，满足社会对人才的需求。

教学内容的选择同样需要将细致的需求分析作为基础。在明确教学目标之后，教师需要结合实际情况，选择适合的教材和教学资源。教学内容的选择应基于学生的学习需求和兴趣，同时也要考虑行业或特定领域的需求。通过与行业专家、企业合作等方式，教师可以获取更贴近实际的教学内容，确保学生的学习与实际应用紧密相连。学习分析在 ESP 教学中的另一个重要应用是评估和反馈。通过对学生学习过程和成果的持续监测和分析，教师可以了解学生的学习需求、困难和进步情况，及时调整教学策略和方法。同时，学生也可以通过反馈机制来了解自己的学习状况，及时调整自己的学习策略，以提高学习效果。此外，教师还需要采用目标情景分析的方法来确定教学内容。意味着教师需要分析学生在未来职业生涯中可能遇到的实际场景和问题，以此为依据来选择和组织教学内容。通过这种方式，教学内容更加具有实用性和针对性，有助于提高学生的实际应用能力。

2. 实现英语教学与专业教学相融合

为了有效地推进高校英语 ESP 教学，需要进行一系列的改革和创新。其中，课程设置的改革是关键之一。传统的英语教学往往只注重语言知识和技能的传授，而忽略了语言与专业知识的结合。因此，我们需要转变思路，将英语学习和专业学习紧密结合起来，实现多学科英语教学的目标。这种转变意味着英语教学不再是一门孤立的学科，而是与其他学科相互融合、相互促进的过程。通过将语言学习与特定专业领域的知识相结合，学生不仅能够提高英语应用能力，还能获得更多实用和具体的专业知识。这种教学模式旨在培养具有跨文化交际能力和专业素养的复合型人才，以适应全球化背景下对人才的需求。

多学科英语教学要求教师具备跨学科的知识和技能，能够将不同领域的知识有机地结合起来。同时，教师还需要关注学生的学习需求和兴趣，根据学生的实际情况调整教学策略和方法。通过与学生的互动和交流，教师可以更好地了解学生的学习状况和问题，及时给予指导和帮助。此外，多学科英语教学还鼓励学生积极参与课堂活动，发挥主观能动性。学生可以借助英语这一工具，与教师和其他学生进行深入的讨论和研究，加深自己对专业知识的理解。这样的教学模式不仅能够提高学生的英语应用能力，还能培养他们的创新思维和跨文化交际能力。

为了实现多学科英语教学的目标，高校需要加强与行业、企业的合作，共同开发适合的教材和教学资源。同时，高校还需要建立完善的教师培训和交流机制，提升教师的专业素养和教学能力。通过共同努力和合作，有望培养出更多具备国际视野和跨文化交际能力的优秀人才。

3. 遵循主体性原则

遵循主体性原则在高校英语 ESP 教学中具有重要意义。这一原则强调了学生的中心地位，要求教师在教学过程中始终关注学生的需求和特点，以此为出发点来设计和实施教学活动。每名学生都有独特的背景和潜力，教师应该尊重并充分利用这些差异，使教学活动更加贴近学生的实际需求。通过了解学生的需求，教师可以更好地指导学生的学习方向，帮助他们解决学习中遇到的问题，激发他们的学习兴趣

第五章
ESP 与课程思政维度下的英语教学

和动力。

兴趣是学生最好的老师，也是推动学生主动学习的内在动力。教师可以通过采用多样化的教学方法、利用多媒体资源和技术、组织小组讨论和合作学习等策略来激发学生的学习热情，为学生创造一个积极的学习环境，使学生在轻松愉快的氛围中学习和成长。要注意，每名学生都有自己的特长和潜力，ESP 教学应该提供一个平台，让学生能够充分发挥自己的优势和才华。教师可以通过设计具有挑战性的任务、提供个性化的发展机会、鼓励学生参与实践活动等方式来激发学生的潜能。这不仅可以增强学生的学习自信心，还有助于培养他们的创新思维和实践能力。

此外，教师在 ESP 教学中应始终坚持以学生为主体的原则，同时也需要注重与学生的沟通和交流。教师不仅是知识的传授者，更是学生学习过程中的指导者和伙伴。通过建立良好的师生关系，教师可以更好地理解学生的学习情况，给予学生有针对性的指导和支持。

二、高校英语教学与 ESP 理论结合的可行性

在高校英语教学中引入 ESP 教学具有深远意义，它能够更好地满足学生的学习需求，满足用人单位对毕业生英语能力的高要求，同时也符合社会语言学为语言教育设定的高标准。通过 ESP 教学，学生能更好地培养跨文化交际能力和实际应用能力，以适应全球化时代的需求。

（一）ESP 教学理念与未来高校英语培养目标一致

ESP 教学与我国高校英语教学在很多方面存在契合点，特别是在注重实用性和专业性方面。

首先，ESP 教学以专业需求为基础，探索英语与专业相结合的教学模式。这种模式强调英语教学与特定职业或领域的需求紧密相连，注重培养学生的实际应用能力。这与我国高校英语教学强调培养与职业能力相匹配的英语应用能力是一致的。意味着 ESP 教学能够帮助学生在未来的工作岗位上更好地运用英语，满足职业需求。

其次，ESP 教学特别关注学生交际能力的培养。它旨在帮助学生适应未来的工作岗位，培养他们在特定情境下运用英语进行沟通的能力。同样地，我国高校英语教学的培养目标也是使学生能够在特定岗位上运用英语。这种关注点的一致性意味着 ESP 教学可以为我国高校英语教学提供有益的借鉴和补充。

此外，ESP 教学目标设置应以需求分析为基础。意味着要对学习者的目标需求和学习需求进行深入分析，确定教学内容和方法，从专业或职业需求中提炼出所需的英语运用能力，进而整合词汇、语法等知识，形成具有针对性和实用性的教学路径。这种基于需求分析的方法与我国高校英语教学当前的做法相一致，进一步证明了 ESP 教学与我国高校英语教学的契合性。

（二）高校学生具备接受 ESP 教学的基础

ESP 的学习者主要是成年人，包括各行业的高级人才，有些正在接受岗位培训，也有一些是高校在校生。对于这些学习者来说，英语不再仅仅是一门语言，而是一种工具，能够帮助他们在工作或专业领域中取得更好的表现。

对于高校学生来说，他们已经具备了基本的英语语言基础。这些基础知识是他们在未来职业生涯中必不可少的。通过 ESP 教学，教师可以进一步传授更高层次的知识，帮助学生掌握与专业相关的词汇、会话和行业规范等，从而激发他们的学习兴趣和积极性。

ESP 教学是 EAP 教学的延伸，是从基础英语能力向英语应用能力的过渡。这种教学重点在于帮助学生将英语与他们的专业或未来职业紧密结合。通过 ESP 教学，学生可以掌握与专业相关的英语技能，如阅读专业文献、撰写行业报告等。这不仅是对他们自身专业能力的有益补充，更是对他们未来职业生涯的有力支持。

ESP 教学强调实用性和专业性，注重培养学生的语言运用能力。这与我国高校英语教学强调的培养与职业能力相匹配的英语应用能力是一致的。这种教学模式不仅有助于提高教学质量和学生的实际应用能力，更有助于培养出更加符合社会需求的国际化人才。

通过 ESP 教学，学生可以更好地为未来的终身学习和发展做好准备，使他们能够更好地适应不断变化的工作环境和技术要求。这种前瞻性的教学方式为学生提供了宝贵的资源和机会，使他们能够更好地

第五章
ESP 与课程思政维度下的英语教学

应对未来的挑战和机遇。

(三)高校教师具备 ESP 教师的潜质

从 EAP 过渡到 ESP 需要一个渐进的过程,这要求 ESP 教师具备较高的英语水平和一定的专业知识。这种角色是普通英语教师和专业英语教师的结合,因此对教师的综合素质提出了更高的要求。

为了具备 ESP 教师的能力,高校英语教师需要经过不断的培训和进修。培训内容应包括综合语言技能的培养、专业知识的传授以及教学方法的改进。对于已经具备较高英语水平的教师,应鼓励他们进行专业培训,如参加学术研讨会、攻读相关领域的硕士或博士学位等,这样可以进一步提高他们的专业知识水平。

高校英语教师与专业教师应加强合作,开展跨学科交流。通过这样的合作,教师可以互相学习、互相补充,弥补各自知识上的不足。这种合作模式有助于提升教师的专业素质和能力,使他们能够更好地应对 ESP 教学的挑战。通过合作,教师可以构建一支既具备专业知识又精通英语的强大团队,为学生提供更高质量的教学服务。此外,当前高校与企业之间的合作日益加强,为高校英语教师提供了更多的实践机会。通过深入了解学科专业知识和实践,教师可以更好地理解 ESP 教学的需求和目标。这种实践经验有助于教师将理论知识与实际应用相结合,为 ESP 教学奠定坚实的基础。

通过培训、合作与实践,高校英语教师可以不断提升自己的专业素质和能力,更好地适应从 EAP 到 ESP 的过渡,有助于提高教学质量和学生的实际应用能力。

三、高校英语 ESP 教学的建构

(一)创新教学目标,完善教学设计

为了推进 ESP 教学改革,除了对教学目标进行创新和完善,明确教学内容也是至关重要的。教学内容通常基于教学目标进行构建,因此需要紧密结合 ESP 教学的理念和目标。

高校 ESP 教学是英语基本知识与专业知识的融合，因此教学内容可以分为学术知识和专业知识两个部分。学术知识指的是英语基础理论，包括词汇、语法、阅读、写作等方面的知识。专业知识则涉及学科知识，与特定职业或领域相关，如商务英语、医学英语、科技英语等。二者紧密相关，英语基础理论知识是学科知识的前提和基础，而学科知识是基础理论知识的拓展和应用。

为了实现学术知识和专业知识的有效融合，可以从学生的实际情况出发来进行课程设计。可以采用渗透式教学与分层教学相结合的模式，有助于学生适应不同的教学模式，逐步提高学生的英语应用能力和专业素养。

在大一和大二阶段，主要关注基本的英语技能，同时逐渐渗透 ESP 教学的知识。可以通过开设专业英语课程、组织英语角或模拟职场环境等方式，帮助学生逐渐熟悉专业英语词汇和表达方式。到了大三阶段，可以正式引入 ESP 教学，根据不同专业进行课程设计。教师可以根据学生的专业需求和兴趣，设计具有针对性的教学内容和方法，以适应不同学生的专业发展需求。

通过这样的教学设计，学生可以在学习英语的同时逐渐掌握与专业相关的知识和技能，为未来的职业生涯做好准备。这种教学模式不仅可以提高学生的英语应用能力，还可以增强他们的专业素养和综合能力。此外，为了确保 ESP 教学的有效实施，高校应加强教师培训和团队建设。教师的专业素质和能力是影响教学质量的关键因素之一。高校可以组织教师进行教学交流、分享教学经验和教学方法，促进教师之间的合作与共同进步。

（二）充分利用空间，建立多元交互的课程体系

在高校 ESP 教学中，实现课程设置与教学风格的一致是基本前提，因此教师在课程设计上需付出较大努力，如在课程设置上，教师应根据学生的专业和个人水平，选择适合的专业英语课程，对于入学后进行摸底测试的学生，可以根据测试结果来确定是否可以直接接触 ESP 课程；对于基础较弱的学生，可以安排一些必修的英语基础课程作为补充，帮助他们打好基础；对于基础较好的学生，可以提供一些选修的专业英语课程，以满足他们的学习需求。同时，从难易程度划分课

程也是必要的,简单课程可作为必修课补充,供学生在空余时间学习;难度较大的课程可安排在大三学习,具体安排需根据学生实际情况而定。

必要时还需要构建多元交互的课程体系。该体系应以通用英语教学为基础,巩固学生的基础知识,将ESP教学作为核心。通用英语教学可以帮助学生掌握基本的英语技能,为ESP教学打下基础。ESP教学则注重培养学生的专业英语应用能力,让学生能够在实际工作中运用英语。为了摆脱传统的教学模式,教师可以采用多种教学方法和手段,如案例分析、角色扮演、小组讨论等,以激发学生的学习兴趣和积极性。同时,教师还可以设置跨文化交际课程,以拓宽课程范围,丰富教学内容。通过了解中西文化差异,学生可以更好地适应不同的文化环境,提高跨文化交流的能力。此外,教师还要注重培养学生的自主学习能力。自主学习能力是学生未来发展的重要支撑,因此教师在教学中应注重培养学生的自主学习意识和能力。可以通过布置作业、提供学习资源等方式,引导学生自主探究和学习。同时,可以利用网络平台为学生提供丰富的学习资源和学习支持,帮助学生更好地掌握知识和技能。

(三)利用现代化教学手段,拓展学习空间

随着信息技术的不断进步,学生获取知识的途径越来越丰富,碎片化的学习机制也相继出现。这些变化对ESP教学产生了深远的影响,为ESP教学带来了新的机遇和挑战。利用信息技术,教师可以引入多元化的教学模式,如慕课、微课、在线学习等,为学生提供更加灵活、便捷的学习方式。这些新型教学模式可以有效地激发学生的学习兴趣,提高他们的学习积极性和参与度。同时,信息技术还可以丰富学习内容,提供更多的学习资源,帮助学生深入了解专业英语知识和技能。对于教师,则可以设置真实的学习情境,让学生身临其境地感受专业英语的应用场景,更好地理解和掌握专业英语知识。同时,教师还可以组织小组讨论、案例分析等活动,引导学生积极参与,培养他们的团队合作和沟通能力。此外,为了提高ESP教学的质量,教师还需要注重学生的个体差异和个性化需求。每名学生都有不同的学习需求和学习风格,因此教师需要关注学生的个体差异,采用多样化的教学方法和手段,以满足不同学生的需求。同时,教师还可以利用信息技术为学生提供个性化的学习支持和学习计划,帮助他们更好地掌握知识和技能。

四、高校英语 ESP 教学的策略

(一)课前的预习及准备

随着信息技术的不断发展和普及,利用在线平台进行课前学习内容的发布和交流已经成为 ESP 教学的重要手段之一。通过这些平台,教师可以及时发布学习要求和资料,学生可以随时随地地进行访问和下载,能够方便快捷地完成课前预习和准备。

学生可以根据自己的时间安排和学习习惯,随时随地进行预习和自测,更好地掌握课程的基础知识和重点内容。同时,教师还可以根据学生的学习进度和反馈,及时调整和优化教学内容,提高教学效果。

教师可以针对学生的问题或困惑进行初步的在线指导和解答,帮助学生解决课前预习中遇到的问题,为课堂讲解和讨论做好准备。这种互动方式可以加强师生之间的沟通与合作,促进教学效果和学习质量的提升。

此外,利用在线平台发布扩展资料、阅读材料或练习题,可以帮助学生更好地巩固和拓展所学知识。学生可以通过在线测试或讨论进一步加深对课程内容的理解和掌握,同时还可以与其他学生进行交流和互动,分享学习心得和经验。这种学习方式可以提高学生的自主学习能力,促进学习效果的提升。

(二)课中的教学及互动

1. 注重提升学生的跨文化交际能力

为了确保 ESP 教学的效果,教师需要注重培养学生的跨文化交际能力。跨文化交际能力是学生在国际交流中必备的能力之一,教师需要在教学过程中注重培养学生的跨文化意识和跨文化交际能力。教师可以在教学过程中引入相关的跨文化交际案例，让学生了解不同文化背景下的交际差异和特点。通过比较和分析不同文化之间的差异，学生可以更好地理解跨文化交际的重要性，提高自己的跨文化交际能力。教师也可以组织一些跨文化交际活动，如模拟商务谈判、角色扮演等，让学生在模拟的情境中体验跨文化交际的过程，提高自己的实际应用能力。此外，教师还可以引导学生阅读相关的跨文化交际书籍和资料，帮助他们深入了解不同文化之间的差异和特点。通过阅读和实践相结合的方式，学生可以更好地提高自己的跨文化交际意识和能力。

2. 课堂讨论以便学生相互学习

除了传统的课堂讨论和探究外，教师可以利用在线平台进行互动讨论和合作探究。通过在线平台，学生可以随时随地进行讨论和交流，方便快捷地分享观点和经验。同时，教师还可以利用在线平台的实时反馈功能，及时了解学生的学习进度和讨论情况，进行有针对性的指导和帮助。

利用在线平台进行互动讨论和合作探究，可以为学生提供更加灵活和个性化的学习方式。学生可以根据自己的时间和需求，随时参与讨论和探究，更好地掌握课程难点和重点。同时，通过与不同背景和专长的同学进行交流和合作，学生可以拓宽自己的思维和视野，提高解决问题的能力。

在线平台还可以为学生提供丰富的资源和工具，支持他们的学习和探究活动。学生可以利用在线平台的搜索功能、讨论区、协作工具等，获取更多的学习资料、交流观点和合作完成任务。这些资源和工具可以帮助学生更好地理解课程内容，提高学习效果和创新能力。

（三）课后的考核和评估

为了更好地实施 ESP 教学，教师还需要注重教学评估和反馈。教学评估是检验学生学习成果和教师教学效果的重要手段，反馈则是帮助学生及时纠正错误、提高学习效果的关键环节。

教师可以采用多种形式的教学评估方法，如考试、作品评定、口头报告等，以全面了解学生的学习情况。考试可以检测学生对基础知识的掌握程度，作品评定可以评估学生的实际应用能力，口头报告可以锻炼学生的口语表达和交流能力。通过多种形式的评估，教师可以更全面地了解学生的学习状况，为后续教学提供依据。同时，对于学生的情况，教师还需要及时给予反馈。反馈应包括对学生学习成果的肯定和不足之处的指正。对于学生的优点和亮点，教师应给予充分的肯定和鼓励，以激发学生的学习兴趣和自信心。对于学生的不足之处，教师应及时指出并给出建议和意见，帮助学生纠正错误、提高学习效果。同时，教师还可以引导学生进行自我反思和总结，培养他们的自主学习能力。此外，教师还可以利用信息技术手段进行教学评估和反馈。例如，教师可以利用在线学习平台进行在线测试和问卷调查，方便快捷地收集学生的学习数据，为教学评估提供依据。同时，教师还可以利用即时通信工具与学生进行在线交流和反馈，及时解答学生的问题并给予指导。

第二节 课程思政维度下的英语教学

高校英语教学与思政教育相结合已成为一种新的趋势，这种结合旨在培养具有全球视野和跨文化交际能力的复合型人才，同时引导学生树立正确的价值观和世界观。

一、课程思政教学概述

课程思政是高校教育的新理念，旨在培养符合新时代要求的人才。随着时代的发展和社会的进步，高等教育的人才培养目标也在不断调整和完善。在新时代背景下，国内外环境的变化对教育系统提出了更高的要求，课程思政作为一种新的教育理念，越来越受到广泛的关注和重视。

第五章
ESP 与课程思政维度下的英语教学

（一）思政教育的提出

通过结合课程思政的发展历程，可以更好地理解其内涵和价值。课程思政的提出与实施，是对传统思政教育模式的一种创新和改进。传统的思政教育往往采用单一的、刻板的教育方式，缺乏与专业课程的有机融合，导致教育效果不尽如人意。课程思政则通过将思政教育内容融入各个学科中，实现了思政教育与专业教育的有机融合，使思政教育更加自然、生动，提高了教育的实效性和针对性。

在新时代背景下，人才的培养不仅仅是知识和技能的提升，更重要的是思想道德素质和政治素养的培育。课程思政注重培养学生的世界观、人生观和价值观，引导他们树立正确的思想观念和价值取向，成为德才兼备的人才。同时，学校、家庭、社会等各方面都需要发挥各自的作用，形成协同育人的良好氛围。同时，教师作为教育的主导者，需要不断提高自身的思想政治素质和教育理念，以更好地引导学生，促进他们的全面发展。

（二）课程思政概念的界定

课程思政是高等教育中对学生思想政治水平的基础教育，旨在将科学的、普世的政治观念和思想潜移默化地融入学生的日常学习和生活中，以指导他们未来的工作和人生选择。这一教育理念强调了思想政治教育在高等教育中的重要地位，强调了培养德才兼备的人才的目标。

当代青年学生成长于中国经济飞速发展的时代，他们从小生活在社会稳定、物质充沛的环境中。然而，过于安逸的生活环境可能导致精神上的懈怠，长远来看，不利于国家的持续发展。因此，国家需要在高校教育中加强对学生思政水平的培养，引导他们形成正确的价值观和健全的人格。

课程思政的实施显示出其优越性，在当前的思政教育中发挥重要作用。首先，课程思政能够更好地实现思想政治教育的目标。通过将思政教育内容融入各个学科之中，课程思政能够更加自然地渗透到学生的日常学习中，提高思政教育的实效性和针对性。其次，课程思政注重培养学生的思想道德素质和政治素养，引导他们树立正确的世界观、人生观和价值观，成为德才兼备的人才。最后，课程思政的实施需要全社会的共同参与和努力。学校、家庭、社会等各方面都需要发挥各自的作用，形成协同育人的良好氛围。

关于课程思政的概念，学界尚未有明确统一的界定。然而，目前存在一个比较有代表性的观点，由北京的孙蚌珠教授提出："思政课程是思想政治理论教育的课程体系，而课程思政则是教学体系。"这一观点很好地区分了课程思政和思政课程的概念，对课程思政进行了界定。

（三）课程思政的要求

1. 挖掘课程中的思政资源

挖掘课程中的思政资源是实施课程思政的关键环节。为了实现这一目标，教师需要具备较高的专业素养和思政水平，不断拓展自己的知识和视野。在日常工作和学习的过程中，教师需要加强对思想政治内容的学习，将其整合进教学内容中。

教师需要深入挖掘专业课中的思政元素，将专业知识与思想政治内容有机结合在一起。这需要教师在备课时对课程内容进行深入分析和思考，寻找与思政教育的契合点，巧妙地将思政元素融入专业课教学中。在授课过程中，教师可以结合课程内容，引导学生关注社会热点问题、国家政策等方面，培养学生的社会责任感和家国情怀。同时，教师还可以通过课堂讨论、案例分析等方式，引导学生思考职业道德、社会责任等方面的问题，培养他们的批判性思维和独立思考能力。

教师的言行举止对学生具有重要的影响，因此教师在授课过程中需要注意自己的言行，做到言行一致、以身作则。同时，教师还需要关注学生的学习状态和思想动态，及时给予指导和帮助，为学生提供全方位的支持和陪伴。为了实现这一目标，教师需要具备较高的专业素养和思政水平，不断拓宽自己的知识和视野。同时，教师还需要注重培养学生的思想道德素质和政治素养，注重自身的言传身教，为学生提供全方位的支持和陪伴。通过这些努力，可以有效地推进课程思政的实施，培养出符合国家和社会需要的优秀人才。

第五章
ESP 与课程思政维度下的英语教学

2. 注重教师队伍的建设

在推进课程思政教学模式的过程中，教师队伍建设是至关重要的。教师是实践思政课程的关键人物，他们的思政水平对于提升教学质量和效果至关重要。因此，高校需要采取一系列措施来加强教师队伍建设。

（1）高校应该加强教师培训，通过定期的思政培训、专题讲座和研讨班等，深化教师对课程思政内涵和要求的理解，提升他们的思政理论素养和教学能力。这些培训应该注重理论与实践相结合，让教师能够更好地将思政元素融入专业课程中。

（2）建立思政导师制度，为青年教师提供一对一的指导，帮助他们有效地将思政元素融入专业课程中。通过思政导师的指导，青年教师可以更快地掌握课程思政的教学方法，提高教学质量。

此外，开展教学观摩活动，促进教师之间的交流与合作，共同探讨课程思政的实施策略。通过观摩其他教师的课程思政教学实践，教师可以相互学习、借鉴和启发，共同提高教学水平。同时，完善激励机制，表彰在课程思政教学中表现优秀的教师，激发他们参与课程思政建设的积极性和创造性。高校可以设立课程思政教学优秀奖、教学成果奖等荣誉奖项，对表现突出的教师给予表彰和奖励。

（3）强化师德师风建设，引导教师树立正确的教育观念，增强其责任感和使命感。高校应该注重培养教师的师德师风，让他们在课程思政建设中发挥更大的作用。通过加强师德师风建设，可以提高教师的道德素质和教育理念，使他们更好地履行教书育人的职责。

3. 协同发挥"课程思政"和"思政课程"的作用

协同发挥"课程思政"和"思政课程"的作用在高校教育中具有重要意义。二者的结合可以形成教育合力，共同作用于学生，促进他们全面发展。课程思政和思政课程在教育目标上具有一致性，二者都致力于培养学生的思想政治素质，引导他们树立正确的世界观、人生观和价值观。通过协同发挥二者的作用，可以更好地实现这一目标，培养出德才兼备的优秀人才。

思政课程注重系统性和理论性，为学生提供全面的思想政治理论知识。课程思政则注重在专业课程中融入思政元素，让学生在实践中感受和领悟。这种互补性使二者相互促进，完善了思想政治教育的内容体系。

传统的思政课程往往采用灌输式的教学方法，学生被动接受知识。课程思政则注重引导学生主动思考、积极参与，培养他们的创新思维和实践能力。通过二者的结合，可以探索更多创新的教学方式，如案例分析、小组讨论、角色扮演等，提高思政教育的实效性和针对性。

二、课程思政背景下高校英语教学的现状

高校英语课程在高校教育体系中发挥着重要作用，不仅传授英语知识，还致力于培养学生的综合运用能力和正确的价值引领。然而，当前的高校英语教学存在一些问题，不能适应新时代的需求。为了适应新时代的发展要求，高校英语教学必须进行改革和创新。

（一）教师思政意识不强

在长期受到传统教育观念的影响下，许多高校英语教师未能将思政教育融入教学中，缺乏思政教育的意识和主动性。他们往往只关注学生语言知识和技能水平的提高，而忽略了思政教育的重要性。

在教学目标的设定、教学过程的设计、课后作业的布置以及考核评价办法的制订等方面，教师更多地考虑学生的语言知识和技能水平，而未能将思政教育纳入教学目标和评价体系中。这种教学方式导致英语课堂教学的片面性，使英语课堂失去了思政教育的功能。

此外，部分教师对"课程思政"存在误解，认为思政教育并非英语教师的职责，而是思政理论课教师和辅导员的职责。这种观念导致英语教师在教学中只关注传授英语知识，而忽略了对学生思想道德和价值观念的引导和培养。这种情况不利于英语课程思政教学模式的实施，甚至会阻碍其推进。

（二）教材内容多为英语国家的价值观念与意识形态

为了保持英语语言的纯正性，高校英语教材主要选用以英语为母语的人士的作品。这些作品内容丰富，涵盖了政治、经济、历史、社会和文化等多个领域，能够体现英语国家的价值观和意识形态。然而，长期使用这些英语教材进行教学可能导致学生在学习过程中更多地接触到西方的文化和思想。在学习如何用英语表达西方文化、讲述西方故事的过程中，学生可能会潜移默化地受到西方文化和意识形态的影响。

这种长期的影响可能使学生逐渐接受西方文化习俗和价值观，不利于学生树立社会主义核心价值观，也不利于学生坚定中国文化自信。在跨文化交流中，学生可能会面临用英语讲述中国故事时的不适应和困难。

（三）英语教师缺乏开展课程思政的有效方法

部分高校英语教师在教学中，往往过于关注知识和能力方面的目标，而忽略了在课堂中融入思政教育的目标。这主要是由于教师在受教育阶段缺乏足够的思政教育，导致在确定思政教育目标的能力上存在不足。

三、高校英语课程思政教学的实施路径

（一）提高英语教师的思政教育意识和思政育人能力

在英语教学中实施课程思政策略，需要提高英语教师的思政教育意识和思政育人能力。教师是教学的主导者，他们的思政意识和育人能力直接影响到课程思政的效果。

英语教师不仅需要传授英语知识，还需关注学生的品格塑造，将知识传授、价值引领和能力培养融入英语教学中。意味着教师需要深入挖掘教材中的思政元素，将其与英语知识有机结合起来，潜移默化地对学生进行思想政治教育。同时，他们还需要具备较高的思想政治素质和教育意识，了解国家政策和社会主义核心价值观，掌握思政育人的基本方法。教师需要善于引导学生理性思考，培养他们的跨文化交流能力和批判性思维，帮助他们树立正确的世界观、人生观和价值观。

（二）改革教学内容

在英语教学中实施课程思政策略，改革教学内容是至关重要的。在教材选取或编写过程中，应该牢牢树立"课程思政"的教育理念，注重将思想政治教育与英语教育有机融合。

在教材中应该增加反映中国文化特色的素材，如选取蕴含中国文化的英文文章或者介绍中国历史上的英雄人物、思想家和政治家的英文资料。这样不仅可以帮助学生更好地了解中国文化，增强文化自信，同时也可以在对比学习中更好地理解中西方文化的差异。当然，也可以在课后练习中设置中西方文化对比辩论赛，引导学生深入思考中西方文化的异同，培养他们的跨文化交流能力和批判性思维。通过辩论的形式，可以激发学生的学习兴趣和参与度，提高他们的语言表达能力。此外，教师还可以整合线上线下思政教育资源，如通过慕课"中国文化概况"和"大学英语文化课程"，让学生学习如何用英语介绍中国哲学、民俗、地理等。这样既可以提升学生用英语表达中国文化的能力，同时也可以增强他们的文化自信和民族自豪感。

（三）去除教学功利化

在英语教学中实施课程思政策略，去除教学功利化也是非常关键的。教学的目的不应仅仅是应付考试，应该注重知识传授、价值引领和能力的培养。

教师需要用"思政育人"的教学理念武装自己，抛弃过去的应试教学模式，构建思政教育和专业教育协同育人的教学模式。教师应该注重培养学生的综合素质，关注学生的全面发展，而不仅仅是追求高分和应试能力。

在教学过程中，教师可以通过翻转课堂、小组讨论、情景模拟等多种方式，多层次、多维度地展示教学内容，形成课前、课中、课后多方位融入思政内容的授课模式。这样可以引导学生更加深入地理解课程内容，培养他们的跨文化交流能力和批判性思维，同时也可以引导他们树立正确的世界观、人生观和价值观。

此外，教师还需要注重评价方式的改革。传统的评价方式往往只注重学生的知识掌握程度，而忽略了他们的能力、情感、态度等方面的评价。因此，教师需要采用多元化的评价方式，注重学生的综合素质和能力评价，以更好地反映学生的全面发展和进步。

（四）线上线下相结合

高校英语交互设计课程融合了技术性、艺术性和前沿性，具有高度的实践性和学习难度。该课程要求学生运用互联网思维、逻辑和商业视角进行创作。课程强调对用户需求的持续关注、市场反馈的接受，以及对时事和人们关注焦点的关注。这些特点促使教师采取多元化的教学方式，以提升教学质量。

1. 混合式教学

线上线下混合式教学模式得以实现的前提是丰富的线上资源，包括教师录制的微视频、课件以及国家级、省级精品在线开放课程资源等。教师通过合理选择和利用这些线上资源，指导学生进行课前学习，根据学生的线上学习情况开展有针对性的课堂教学，解决共性问题。此外，教师还设计课堂活动以检测学生的学习效果，查漏补缺，巩固所学知识。

2. 优化教学管理

利用线上教学平台建立线上教学数据库，与学生进行实时互动，监测他们的学习进度。学生自主安排时间进行线上学习，而课程负责人和助教则分别监测学生的学习进度。教师通过在线签到、答疑、知识评测等环节来把控学生的学习进度和知识掌握程度，对薄弱环节进行强化训练。同时，教师精心设计课后作业，记录和评价学生的线下讨论表现，以深入了解学生的学习情况。他们还批改课程作品及课题汇报，结合线上和线下的表现对学生进行全面客观的评价。

3. 课程考核方式的优化

平时成绩占总成绩的30%，其中包括出勤（占总成绩的10%）、平时作业（占总成绩的10%）以及线上资源学习和互动（占总成绩的10%）；期末成绩占总成绩的70%，其中包括设计报告（占总成绩的

英语
教学的多维体系建构及创新研究

20%)和期末作品(占总成绩的50%)。在考核过程中,学生的作业态度、完成情况以及作品创意性等因素都得到了充分考虑。在布置平时作业时,会结合课程的重点和难点进行有针对性的练习。评价平时作业时,学生自评和教师评价相结合,评价指标包括作品完成度、精准度、创新性、视觉美观性以及格式规范性等。期末考试作业要求学生以小组为单位完成交互作品和创意设计报告,以考核他们的团队协同能力和创新能力。考核指标包括选题意义、创新设计以及需求分析等,小组还会进行作品汇报。

4. 知识技能与价值引领并重

在教授过程中,应避免只注重知识技能的传授而忽视意义建构和意义表达以及思政教育。在提升知识技能的同时,更要注重价值引领。教师应保持前瞻性,研究国内外翻转课堂的先进经验和模式,因材施教,更好地实施翻转课堂教学模式。在价值引领方面,教师应准确把握课程目标,突出专业特色,利用先进技术传播先进文化。此外,还要引导学生关注社会、热爱生活,将专业设计与文化元素相结合。在教学中,教师应有效融入育人元素,将德育贯穿始终,着重培养学生在人工智能发展态势下的能力。

参考文献

[1] 杨淑玲，李卉琼，高绪华. 英语教学研究 [M]. 天津：天津科学技术出版社，2020.

[2] 李晓玲. 大学英语教学方法研究 [M]. 西安：陕西科学技术出版社，2020.

[3] 王二丽. 英语教学论 [M]. 北京：新华出版社，2018.

[4] 张景. 英语教学方法新探索 [M]. 长春：吉林出版集团股份有限公司，2021.

[5] 丁煜. 大学英语教学多维探究 [M]. 武汉：华中科技大学出版社，2021.

[6] 程丽娟，姚晓盈，王慧. 英语教学与模式创新 [M]. 哈尔滨：哈尔滨出版社，2020.

[7] 曹睿. 实用英语教学论 [M]. 北京：北京工业大学出版社，2020.

[8] 邵葵. 英语教学思维进阶研究 [M]. 郑州：黄河水利出版社，2022.

[9] 陈艳，贠楠，张倩倩. 现代英语教学方法研究 [M]. 广州：广东世界图书出版有限公司，2019.

[10] 王娟. 现代多元化大学英语教学 [M]. 哈尔滨：黑龙江教育出版社，2020.

[11] 杜羽洁，史红霞. 高校英语教学模式创新与发展研究 [M]. 北京：北京工业大学出版社，2019.

[12] 刘婷. 新时期高校英语教学的多视角研究 [M]. 北京：中国商务出版社，2021.

[13] 徐琴. 新时代高校英语教学模式创新研究 [M]. 北京：北京工

业大学出版社，2021.

[14] 薛燕.基于教学改革的大学英语教学实践[M].延吉：延边大学出版社，2018.

[15] 李国金.大学英语教学基础理论及改革探索[M].北京：北京理工大学出版社，2018.

[16] 夏忠丽.英语教学模式改革与创新[M].延吉：延边大学出版社，2018.

[17] 周雪.多元视阈下的大学英语教学研究[M].北京：中国商业出版社，2022.

[18] 钱满秋.现阶段大学英语教学改革研究[M].北京：北京理工大学出版社，2017.

[19] 孙志永.当代大学英语教学新理念与教学实施探究[M].赤峰：内蒙古科学技术出版社，2021.

[20] 谭钦菁.大学英语理论与教学研究[M].北京：北京工业大学出版社，2018.

[21] 王蕾.基于深度学习的大学英语听说教学探析[J].长春教育学院学报，2023，39（1）：72-77.

[22] 马景哲.大学英语语法教学的重要性及提升措施探讨[J].海外英语，2022（20）：140-141+150.

[23] 张瑜.新媒体环境下的大学英语口语教学研究[J].现代英语，2022（17）：55-58.

[24] 王琰.大学英语听力教学现状与提升策略研究[J].吉林农业科技学院学报，2021，30（3）：115-117.

[25] 王雪梅.新时代大学英语教师教学素养提升探究[J].英语教师，2023，23（2）：13-15+26.

[26] 缪清.文化生态学视角下高校大学英语文化教学策略研究[J].现代英语，2020（5）：103-105.

[27] 陆勇.互联网时代下大学英语教学模式探索[J].校园英语，2020（36）：44-45.

[28] 闫丽颖.信息技术环境下应用型本科大学英语教学资源整合分析[J].教育信息化论坛，2019，3（10）：112-113.

[29] 魏贵娟.信息化教学手段在大学英语教学中的应用[J].教育信息化论坛，2021（4）：8-9.

[30] 高静. 多媒体网络环境下大学英语教学改革的思考 [J]. 海外英语，2023（24）：141-143+180.

[31] 马丽娟. 网络环境下高校英语混合式教学模式改革探讨 [J]. 校园英语，2023（46）：31-33.

[32] 锁马莉. 网络环境下大学英语课堂教学优化研究 [J]. 校园英语，2023（27）：52-54.

[33] 李传馨. 互联网背景下高校英语教学改革策略研究 [J]. 教育信息化论坛，2023（3）：45-47.

[34] 吴琰，杨红旗. 大学英语共享教学生态模式下信息化学习方式研究 [J]. 海外英语，2023（16）：156-158.

[35] 苏然. "互联网+"视域下大学英语教学生态模式构建研究 [J]. 校园英语，2023（29）：43-45.

[36] 刘娜，张丽娜. 混合学习理念下大学英语教学生态系统优化策略研究 [J]. 校园英语，2023（23）：7-9.

[37] 秦艳霞，曾佩璟，陈武. 基于深度学习优化大学英语教学生态系统研究 [J]. 教育教学论坛，2023（10）：121-124.

[38] 张丽静，张钦. 基于专业导向的大学英语教学研究 [J]. 英语广场，2023（24）：106-109.

[39] 孙雅晶. 职业本科院校大学英语智慧课堂ESP教学模式分析 [J]. 英语教师，2023，23（16）：30-33.

[40] 孙永刚. 深度学习和探究社区理论背景下的大学英语网络教学探析 [J]. 海外英语，2023（11）：158-160.